현대성과 공공성

Modernity and Publicness

문성진

박영사

나의 진정한 스승, Peter deLeon 교수님을 기억하며

머리말

 현대화 과정은 개인의 자유와 권리를 촉진하고 물질적 풍요와 부의 기회를 제공했지만 이에 못지않게 심각한 사회 병리적 문제들을 초래했다. 자본주의 시장의 경쟁과 효율성의 논리 속에서 문화적 의미가 상실되고, 사회질서의 규범적 정당성이 훼손되었으며, 개인의 고유한 인격성이 파괴되는 등 다양하고 복잡한 사회적 문제들이 대두된다. 이는 문화의 상품화, 사회적 삶의 배제와 파편화, 노동의 상품화와 도구화, 개인주의 팽배, 공동체의 상실, 물신주의, 소득 양극화, 개인의 고독과 불안 등의 구체적인 사회 병리적 증후들로 양산된다. 이러한 사회 병리적 현상들은 특정 개인이나 집단에 한정되는 문제가 아니라 사회 전반의 영역에서 경험되는 공적 문제들이다. 그리고 이런 병리적 주체들로 구성된 시민사회는 국가행정 권력과 자본주의 경제 질서에 종속된 채 자유로운 의사소통을 통한 민주적 정치의 가능성을 상실한다. 이런 측면에서 보면 현대성의 위기는 공공성의 위기라고 할 수 있다.

 이 책은 현대성의 맥락에서 공공성의 의미와 가능성을 탐색하고자 한다. 무엇보다 현대적 공공성이 근간으로 하는 공사 이분법적 질서의 한계와 문제점을 지적하고 이를 극복할 수 있는 대안으로서 민주적 공공성을 제안한다. 이와 관련하여 이 책에서는 다음과 같은 순서로 논의를 전개한다. 1부는 현대성에 관해 다룬다. 1장은 현대성에 관한 역사적 배경과 의미, 사회·경제적 영향, 현대성 기획의 내적 분열(칸트 대 니체)과 화해 모색에 대한 심도 깊은 논의를 전개한다. 2장은 현대성에 대한 비판 철학의 담론들을 통해 현대성이 초래한 위기적 현실들(정치적 행위의 상실, 자연과 인간의 물화 현상, 공동체적 자유의 상실, 생활세계 식민화 현상)을 드러내고 그것이 다름 아닌 공공성의 위기를 보여주는 단초임을 상기시킨다.

2부는 공공성 사상적 계보를 자유주의와 공동체주의 간의 철학적 논의를 중심으로 소개한다. 1장은 공공성 사상을 개관하고 2장은 자유주의의 사상적 전개과정을 고찰한다. 구체적으로는 고전적 자유주의, 칸트의 자유주의, 새로운 자유주의(new liberalism), 신자유주의(neo-liberalism), 롤스의 평등주의적 자유주의에 관한 핵심적 사상을 살펴본다. 3장은 공동체주의의 사상적 전개과정을 개괄적으로 살펴본다. 이와 관련하여 시민적 공화주의와 자유주의적 공화주의 사상적 배경과 내용을 제시한다. 자유주의와 공동체주의 간의 논쟁은 공공성에 대한 주요한 시각차를 반영한 것으로, 시장과 정부를 둘러싼 제도적 질서의 형성에도 영향을 미친다.

3부는 공공성에 관한 주요 담론에 관한 내용으로, 1장은 현대적 공공성이 그 근간으로 삼는 국가를 중심으로 한 공사 이분법적 질서와 그것이 갖는 한계에 대해 논하고 2장은 민주적 공공성을 현대적 공공성에 대한 대안으로 제시한다. 이와 관련하여 민주적 공공성의 핵심 가치와 지향점을 먼저 소개하고 공사영역 경계 횡단이 가능한 제3의 영역으로서 "공공(公共)"의 공간을 시민사회나 친밀영역의 민주적 잠재성을 복원시키는 실질적 방안으로 제시한다. 그리고 3장에서는 민주적 공공성의 주요 담론을 통해 다양하고 구체적인 방안들을 고민한다. "하버마스(Jürgen Habermas)의 민주적 공공성"은 의사소통이론과 토의민주주의를 중심으로 의사소통권력의 회복을 통한 시민 공론장의 활성화 방안을 논의한다. "기든스(Anthony Giddens)의 민주적 공공성"은 현대 가족의 성찰적 친밀성에 내재한 생활정치의 잠재성을 확인하고 이를 친밀 도시공동체에까지 확장하고자 하는 시도를 내용으로 한다. "호네트(Axel Honneth)의 민주적 공공성"은 생활세계 내부의 권력관계로부터 발생하는 소수자의 차별과 배제를 관철하고자 벌이는 인정투쟁의 문제를 중심 논의로 삼는다. 이 논의의 중요성은 상호인정관계가 민주적 공공성의 핵심 요건인 자유로운 의사소통의 전제조건이 된다는 사실이다. "프레이저(Nancy Fraser)의 민주적 공공성"은 생활세계 내부의 인정문제뿐만 아니라 자본주의 체계로 인한 분배문제에 대한 법적·제도적 장치의 마련이 중요함을 상기시킨다. 이 책은 마지막으로 각각의 민주적 공공성 담론이 갖는 이론상의 한계점과 한국사회에 적용되는 과정에서의 적실성에 대해 평가한다.

문 성 진

목 차

1부

현대성

1장

현대성의 전개

1. 현대성의 개념

현대성(modernity)은 현대를 특징짓는 시대정신으로 그 사회의 지배적인 가치나 규범 그리고 이념적 지향을 말한다. 그것은 그 시대를 살아가는 사람들의 생활방식이나 행동, 그리고 사회적 관계의 양식 등에 영향을 미치는 사회·문화·심리학적인 틀이라고 할 수 있다. 이처럼 현대성은 현대적인 성질이나 특성을 가리키는 말로 어떤 특정한 시간대를 가리키는 현대(modern)와는 구별되는 개념이다. 현대성이 현대라는 시대(16세기 말―19세기 중엽)에 등장한 것은 사실이지만 현대성이 이 시기에 한정해서 출현한 것은 아니다. 그보다 현대성1)은 불연속적인 역사적 변동 속에 나타나는 "새로움" 또는 "항구적 현재(permanent present)"라는 두드러진 징표로

---

1) 푸코는 현대성을 "차이의 사건"이라고 파악하고, "그 사건들은 대혁명이나 세계대전 같은 역사적인 사건과는 다르게, 표면적으로 드러나지 않은 존재론적 차원을 갖고 있는 것"과 같다고 말한다(오생근, 2013: 80).

그 모습을 드러낸다(피어슨, 1996). 이런 측면에서 보면 현대성은 과거로부터 보존되고 지속되어 내려오는 전통(tradition)과는 대립되는 개념이라 할 수 있다.

현대성은 수 세기에 걸쳐 일어나는 장기적 사건으로 사회질서와 문화를 이루는 많은 요소들이 동시다발적이면서 심대하고 급격한 변화를 통해 나타난다. 이와 관련하여 일반적으로 언급되는 특징으로 "산업화, 인구학적 변화(규모와 분포), 상업화와 상품화, 자본주의의 발흥(봉건적 경제로부터 자본주의적 경제로의 이행), 점증하는 사회적 노동 분업(점증하는 사회경제적 전문화), 과학적 사고양식의 등장, 합리성 개념의 변화(물리적 세계 및 사회적 세계의 변형가능성에 대한 믿음의 변화), 의사소통양식의 변화, 도시화, 민주화(정치참여의 확대)"가 있다(피어슨, 1996: 62). 이러한 특징들은 현대성으로의 이행과정에서 나타난 변화의 폭과 깊이를 가늠할 수 있게 한다.

2. 현대성의 출현

현대성은 역사적으로 볼 때 유럽을 중심으로 나타난 새로운 사회·문화적 현상으로 그 시대를 살아가는 사람들의 생활방식이나 행동, 심리적 사고, 사회적 관계 양식 등의 광범위한 영역에서 지대한 영향을 미쳤다. 이러한 변화를 추동하고 관통하는 핵심가치나 이념이 무엇이냐고 누군가 묻는다면 그것은 아마도 "자유"라고 할 수 있다. 다시 말하면 현대성은 "자유"의 탄생과 함께 시작했다고 해도 과언이 아니다.

현대성의 출현은 17세기를 분기점으로 시작되는데, 그것은 절대왕정의 등장, 상업자본주의의 형성, 신흥 시민 계급인 부르주아지의 등장, 종교개혁, 인본주의의 탄생 등의 변화로 이어졌다. 십자군 전쟁을 계기로 시작된 상업자본의 발달은 도시 상공업자들을 중심으로 부를 축적한 부르주아지 계급의 등장으로 나타났고 이는 봉건적 신분질서의 붕괴를 촉발시키는 계기가 되었다. 그리고 마르틴 루터를 중심으로 이루어진 종교개혁 운동은 교황을 수장으로 하는 중세 가톨릭 중심의 가치질서에 혼란을 초래하였다. 무엇보다 부르주아지 계급과 프로테스탄티즘의 출현으로 인간은 신분질서의 굴레와 종교적 억압에서 벗어나 자유롭고 독립적인 주체로서 개인성을 자각하고 개인으로 탄생한다. 자유는 이제 절대군주나 상층 귀족들에게만 주어지는 특권적 권리가 아니라 개개인 모두가 누릴 수 있는 자연적 권리로 그 의미가 변화한다. 다시 말하면 개인으로 거듭난 현대인은 절대군주의 자의적인 권력이나 종교적 교리의 영향력을 벗어나 자유를 권리로서 행사할 수 있게 된 것이다.

3. 현대성의 영향

현대성으로의 이행과정은 국민국가 수립과 자본주의 경제 질서의 정착을 목표로 한 합리화 과정으로 사회·경제적으로 엄청난 변화를 초래하였다. 먼저 국민국가의 건설은 중세의 신적 권위와 봉건질서의 붕괴로 인한 중심질서의 부재와 사회적 혼란을 잠식시킬 수 있는 합리적이고 강력한 통치체제의 필요성에서 시작되었다. 국민국가는 중세의 가산제 국가[2]의 통치방식에서 벗어나 합리적인 법과 제도를 수립하고 이를 통해 사회적 질서와 안전을 담보하고자 한다. 이를 위해 국민국가는 봉건제 국가의 영주와 가신 간

---

2) 군주가 국가를 세습된 자산으로 여기고 자의적으로 통치하는 방식의 국가를 칭함

의 "느슨하게 구조화된 개인적 후원관계의 체계"에서 벗어나 백성
들을 체계적으로 통치하고 감독할 수 있는 중앙집권화된 통치체계
를 수립하는 것이 급선무가 된다(피어슨, 1996: 68). "상비군, 중앙집
권적 관료제, 체계적이고 거국적인 조세체계, 해외 상주 대사관을
갖춘 공식적 외교기구, 상업과 경제발전을 진흥시키기 위한 국가
정책"과 같은 제도적 혁신은 이와 같은 맥락에 이루어진 것들이다
(Ibid., 74).

이처럼 국민국가는 현대적 통치제도 구축을 통해 자신이 관여하
고 있는 인구집단 전체를 효과적으로 관리하고 통제하는 통치 권
력을 확립한다. 이제 국가 권력은 "그 구성원을 관리하고 모양짓고
심지어 창조"하는 식의 삶의 사소한 문제에까지 관여할 수 있게
된 것이다(Ibid.. 89). 국민국가의 강제적 지배 권력에 대해 프랑스
무정부주의자 피에르 조세프 프루동(Pierre-Joseph Proudhon)은 다
음과 같이 비판했다(Miller, 1989: 6에서 재인용).

> 지배받는다는 것은 모든 활동과 모든 거래에서 주목당하고, 기록
> 당하고, 명부에 기입당하고, 세금부과당하고, 짓밟히고, 측정받고,
> 번호 매겨지고, 평가받고, 인가받고, 허가받고, 경고받고, 금지당하
> 고, 교정받고, 시정받고, 처벌받는다는 것이다. 그것은 공공의 편익
> 이라는 구실로 그리고 보편적 이익이라는 미명하에 기부당하고, 훈
> 육당하고, 배상당하고, 착취당하고, 독점당하고, 왜곡당하고, 압착
> 당하고, 미혹당하고, 강탈당하는 것이다.

이와 같은 현대적 국가의 통치권력은 푸코가 「성의 역사: 지식
의 의지」에서 제시한 "규율권력(disciplinary power)과 "생명관리권
력(bio-power)"의 개념을 통해서도 잘 드러난다. 그에 따르면 규
율권력과 생명관리권력은 17세기와 18세기 중엽에 각각 나타난 지

배적인 통치방식으로 자본주의적 생산 가치의 틀 안에서 이루어진 제도적 구조물이라고 할 수 있다. 규율권력이 "개인의 신체를 기계나 사물처럼 통제할 수 있고, 길들일 수 있고, 이용할 수 있고, 조정할 수 있는 대상"으로 여긴다면, 생명관리권력는 인간의 신체를 생물학적으로 조정하고 통제 가능한 종(種)적인 대상으로 간주한다(오생근, 2013: 75; 푸코, 2020). 전자는 신체를 자본주의 경제체제에 유용하고 순응적인 대상으로 훈육시키는 데 목적이 있다면, 후자는 인구 관리(건강, 수명, 성, 출생과 사망률 등)를 통해 자본주의에 봉사할 노동력을 양적이나 질적인 측면에서 확보하는 것을 목표로 한다. 이러한 과정에서 권력과 지식의 자연스러운 결합이 이루어지는데, 권력은 지식을 통해 진리의 담론을 만들어 내고 이를 통해 개인들을 정상과 비정상으로 분류, 감시, 평가, 통제한다.

그리고 봉건적 경제로부터 자본주의 경제로의 이행은 상공업의 발전을 촉진시키고 물질적인 풍요와 부의 기회를 제공해 주었지만, 개인과 공동체의 파편화와 사회 전반의 불안정과 각종 병리적 현상을 낳았다. 첫째, 현대의 개인은 중세적 권위와 압제에서 벗어나서 독립적인 주체로서의 자유의 삶을 살게 되었지만 공동체적 연대와 결속의 안전망을 상실한 채 산업 자본의 임노동자로 전락하여 자신의 노동을 팔아 생계를 유지하는 삶을 살게 된다. 인간의 노동력은 자신의 고유한 존재성을 발현시키는 매체로서의 의미를 상실하고 자본주의 상품의 일부로 추상화되어 교환가치에 따라 거래된다. 이것은 인간이 자신의 개성과 자율성을 상실한 채 자본주의 생산시스템의 일부가 되어간다는 것을 말한다. 둘째, 삶에 의미의 원천으로서 작용했던 중세의 형이상학적, 종교적 토대의 붕괴로 인해 현대인은 불안과 고독 그리고 삶에 대한 의미 상실 등의 다양한 병리적 증후들을 경험한다. 현대인은 중심가치가 부재한

상태에서 나타날 수 있는 심리적 공백을 자신의 물질적 만족과 욕
구충족을 목표로 삼는 자본주의적 가치로 대체한다. 이러한 과정
에서 자기중심적 개인주의의 강화와 끊임없는 욕망의 재생산이 촉
발된다(테일러, 2019). 이것은 자본주의가 자신의 질서를 확장해가
는 방식으로 경제 영역에만 한정되지 않고 일상의 삶의 조건과 방
식에까지 그 영향력을 행사한다. 문화의 상품화로 문화적 의미가
상실되고, 사회적 삶의 배제와 파편화로 사회질서 유지를 위해 필
요한 규범적 정당성이 훼손되고, 노동의 상품화와 도구화로 개인
의 고유한 인격성이 파괴되는 등 사회 병리적 현상들이 가시화되
어 나타난다.

4. 칸트의 현대성 기획

현대성을 관통하는 핵심 이념인 자유[3]는 칸트에 의해 "자율
(autonomy)"[4]로 그 의미가 엄격하게 제한된다. 칸트에서 자유는
이성적 존재로서의 인간이 스스로 정한 실천 이성의 법칙에 따라
행동하고 사고하는 자율이다. 실천이성은 모든 인간에게 선험적으
로 주어진 것으로, 인간을 보편적 도덕 법칙으로 인도하는 역할을
한다. 실천이성의 명령이 아닌 자연적 욕구나 충동 그리고 외부의
조건에 의해 결정된 사고나 행동은 타율(heteronomy)로 간주된다
(칸트, 2019). 이것은 개별적인 행위를 규제하는 실천의 보편적 원

---

3) 자유에 대한 다양하고 구체적인 논의는 2부 2장의 "자유주의 사상의 전개"
　를 참조
4) 이와 관련된 좀 더 구체적인 내용은 2부 2장 2의 "칸트의 자유주의"에서 논
　의한다.

리(윤리적 기준)를 경험적인 세계에서 찾으려고 하는 대신에 선험적인 '실천이성'에서 찾고자 하는 의도이다. 그 이유는 일상적인 경험적 인과법칙(쾌나 불쾌)인 행복은 불확정적이고 개인적인 것으로 조건적이고 가언적인 윤리적 원칙은 제공할 수 있어도 보편적이고 정언적인 윤리적 원칙을 제시하기에는 적합하지 않다는 것이다. 이것은 또한 보편적이고 선험적인 윤리적 기준을 경험적인 차원인 행복에서 찾고자 하는 전통 윤리학에 대한 비판이기도 하다(정대훈, 2021).

그렇다면 우리가 실천이성의 도덕적 명령에 따라 사고하고 행동했는지의 여부를 어떻게 알 수 있는가? 실천이성은 현상적으로 경험할 수 있는 영역이 아닌 비가시적이고 선험적인 영역이 아닌가? 이에 대해 칸트는 "정언명령"(categorical imperative)에 부합한지의 여부로 판단할 수 있다고 한다. 정언명령은 보편타당한 도덕법칙의 형식으로, "너의 의지의 준칙이 항상 동시에 보편적 법칙 수립의 원리로서 타당할 수 있도록 행위 하라"는 명제로 정식화된다(칸트, 2019). 다시 말하면, 개인 각자가 가지고 있는 도덕법칙이 자신에 한정되는 준칙이 아니라 누구에게나 통용될 수 있는 보편적 행위의 법칙이 될 수 있어야 한다는 것이다. 정언명령은 의지를 규정하는 경험적 내용을 제공하지 않는다. 단지 형식만을 제공한다. 이것은 윤리적 실천의 보편성은 형식적 차원에서만 담보될 수 있기 때문이다.

칸트가 자유에 대한 개념적 정립을 통해 추구하는 바는 중세의 종교적 권위가 부재한 자리에 이성적 권위를 기반으로 한 보편적 윤리질서를 세우고자 하는 것이다. 이런 칸트적 기획은 국민국가 형성과정에서 그 모습을 극적으로 드러낸다. 현대 국민국가는 중세의 신적 권위와 봉건적 질서의 부재로 인한 무질서와 혼란으로부터 사회적 질서와 안정을 수립할 수 있는 보편적인 법규범을 사회적 실천원리로 삼아 사회공동체를 형성하는 것을 목적으로 삼는다. 이런 보편화 원칙은 공공성 실현의 주체로서 국가의 중앙집권적인 통치체제의 수립을 위한 이론적 토대가 된다. 중앙집권적 통치 체제 하에서는 지방적 전통이나 생활방식이 폐기되고 그 대신 보편적이고 표준화된 사회규범과 가치가 사회구성의 원리로 자리를 잡는다. 그리고 지방분권적 자원과 권력을 중앙의 권력에 집중시킴으로써 안정적이고 효과적인 통치 질서를 도모하는 것이 일반적인 방식이 된다(바우만, 2008). 관료제, 조세제도, 상비군제도는 중앙집권적 통치제제의 질서를 구축하는 과정에서 나온 대표적인 제도적 산물이다.

현대 국가체제의 구축은 물리적인 법적 통제를 통해서만이 아니라 보편적인 지식체계의 구축을 통해서도 이루어진다. 이와 관련하여 인지적, 규범적, 미적인 판단과 관련된 모든 지식 영역의 표준을 제시하고 이를 사회구성원들의 보편적인 생활양식으로 정착시키고자 한다. 이것은 국민국가의 보편주의에 대한 열망을 반영하는 것으로, 보편성에서 벗어나는 행동, 사고, 충동은 불완전하고 비정상적인 것으로 간주되어 배제된다(푸코, 2020, 2016, 2011). 이런 보편주의 원칙은 중세의 신적 세계관에 의해 직조된 진, 선, 미의 기준을 인간의 계몽주의적 세계관으로 대체하고 이를 기반으로 사회질서를 구축하고자 하는 시도이다.

5. 니체의 탈현대성 기획

합리적인 이성을 매개로 한 칸트적 현대성 기획은 다양한 비판적 목소리를 양산하는데 대표적으로는 니체(F. Nietzsche)를 들 수 있다. 니체는 칸트적 현대성 기획으로부터 탈피한 자신만의 독자적인 탈현대성(postmodernity)의 목소리를 제시한다. 니체는 자율성을 보편성과 결합시키는 칸트의 보편화 전략이 개인의 내적 욕망과 충동을 이성의 타자로 배제함으로써 고유한 개인의 자아형성을 방해한다고 주장한다. 개인의 자율성 획득의 가능조건으로서 칸트가 제시한 보편적 이성의 명령에 순종하는 것은 다양하고 고유한 개체성을 보편성으로 포섭하여 동일화시키는 결과를 가져온다는 것이다. 니체에 따르면 이는 결과적으로 자아를 왜곡하고 억압하는 결과를 초래한다.

그리고 니체가 보기에 칸트 철학의 근간이 되는 핵심 개념인 보편적 이성도 상상의 허구적 사물로 실제로는 "삶의 유용성 전략"에 의해 해석된 의미와 가치라는 것이다. 다시 말하면 보편적 이성에 따라 정해진 의미와 가치도 알고 보면 그것이 삶을 유지하고 강화하는 데 얼마나 유용한지의 여부에 따라 평가된 해석의 결과라는 것이다. 이런 측면에서 보면 이성적 인식이나 행위도 그것들의 배후에 있는 자기보존과 자기상승의 무의식적인 충동, 본능, 경향 등의 생리학적이고 육체적인 필연성의 표면효과일 뿐이다(니체, 2021).

이런 니체의 계보학적 도덕비판은 도덕 자체를 폐기하는 것을 목적으로 삼는 것은 아니다. 오히려 칸트와는 다른 도덕적 가치를 구축하는 것을 목표로 삼는다. 니체는 보편적 이성을 근간으로 하는 보편적 도덕법칙의 구축이 아닌 생명의 본질인 "힘의 의지"를 바탕으로 한 도덕적 가치를 염두에 둔다. 힘의 의지는 인간 자신이 직면한 삶과 죽음의 필연성에 체념하고 그것을 숙명적으로 받아들이는 것이 아니라 오히려 필연성 가운데 열려있는 창조적이고 주권적인 삶의 가능성을 발견하고 만들어가는 자유의 표현이다(니체, 2021; 백승영, 2018).

6. 현대성 기획의 분열과 화해

이처럼 현대성 기획의 내적 분열의 단면은 칸트와 니체를 중심으로 한 담론에서 잘 나타난다. 칸트적 현대성 기획은 합리적 이성을 근간으로 하는 자율성과 보편성의 결합을 통한 사회 질서와 정의를 실현하는 것을 목표로 삼는 반면, 니체를 중심으로 한 현대성 기획은 욕망, 충동, 의지를 개인의 개별성을 형성하는 내적 추동력의 원천으로 보고 이것들을 보편적 이성의 억압으로부터 해방시켜 개별적 자아의 고유성을 회복하고자 한다. 이것은 칸트로 대변되는 이성, 보편성, 사회형성의 현대적 가치와 니체로 대변되는 감성, 특수성, 자아형성의 탈현대적 가치의 대결을 반영한다(문성훈, 2008).

하지만 현대성 기획의 내적 분열은 칸트식의 이성주의를 중심으로 한 보편적 사회 규범 형성 및 질서 유지나 니체식의 반이성주의를 통한 개별적 자아와 정체성의 실현이라는 양자택일의 단순한 선택을 요구하는 것이 아니다. 무엇보다 어떻게 양자 간의 화해와 공존의 가능성을 이루어 낼 수 있을지가 관건이다. 다시 말하면 사회적 질서와 연대의 형성을 위한 보편성을 유지하면서도 개인의 특수성을 인정할 수 있는 사회적 조건이나 제도를 만들어 내는 것이 중요하다고 할 수 있다.

이와 관련하여 아도르노가 「부정변증법」(1999)에서 제시한 "부정의 부정"이라는 자아해방 전략은 보편성과 특수성을 화해시키려는 노력으로 주목할 만하다. 부정의 부정은 다양한 개성과 인격을 가진 비동일자로서의 개인이 이성의 개념화 작용에 의해 동일자로 부정되는 것을 다시 부정함으로서 자아해방을 시도하는 것이다. 이것은 이성의 개념화 작동을 통해 형성된 동일성의 원리를 부정

함으로서 칸트적 현대성 기획이 초래한 억압적 상황을 벗어나고자
하는 것이다. 그렇다고 해서 부정의 부정이라는 전략이 비동일자
를 동일화시키는 개념 자체를 폐기하려는 것은 아니다. 오히려 아
도르노는 개념을 통해 개념적 억압을 극복하고자 한다. 여기서 개
념은 비동일자를 동일화시키는 억압적 수단으로서 역할이 아니라
비동일자를 드러내고 표현하는 해방적 수단으로서의 역할을 수행
한다. 이것은 비동일자가 개념적 사고를 통해 완전히 재현될 수 없
다는 것을 인정하고 비동일자를 개념적 규정으로 동일화하는 대신
비동일자로부터 끊임없이 촉발되는 감각적 인상들을 개념을 통해
표현하는 것을 목적으로 한다. 이것은 인식주체와 개념적 규정으
로 환원될 수 없는 비동일자와의 화해를 시도한 것으로 인식주체
의 개념사고에 대한 비판적 반성을 전제로 할 때 가능하다. 하지만
아도르노의 보편성과 특수성을 화해시키려는 시도는 사회변화를
주도할 수 있는 실질적인 정치적 대안이나 방향을 제시한 것이라
기보다 이러한 갈등과 대립에 대한 심미적인 수준의 대안에 머문다는
비판이 있다.

　이런 측면에서 보면 현대성에서 벗어난 탈현대적인 접근을 취하
기보다 현대성에 대한 비판적 목소리를 유지하면서도 현대의 테두
리 내에서 현대성을 성찰하고 그 한계와 난점을 극복하고자 하는
시도(민주적 현대성 기획)는 주목할 만하다. 대표적으로는, 하버마스
가 국가나 자본주의 체제의 도구적 이성의 폭력을 생활세계 내부
의 "의사소통적 이성"을 통해 극복하고자 하는 것[5]이나, 기든스가
보편적 사회제도나 전통에 근간한 사회적 관계나 실천의 고정성을
벗어나 그것의 의미를 끊임없이 비판하고 성찰하는 "성찰적 현대

---

5) 3부 3장 1의 "하버마스의 민주적 공공성" 참조

성"에 주목하는 것6)이나, 호네트가 생활세계 내부의 지배적 가치
나 관계질서의 외부에 위치한 소수자가 자신에 대한 사회적 차별
과 배제의 문제를 관철시키고 자신의 정체성을 인정받기 위해 벌
이는 "인정투쟁"의 문제에 관심을 기울이는 것7)이나, 프레이저가
모든 사회구성원의 "동등한 참여"를 위한 기본적 사회조건(물질적
분배와 타인의 인정)에 대한 제도적 보장을 정의로운 사회의 핵심적
인 규범원칙으로 보장해야 한다고 주장한 것8)이 이에 해당한다.

▌표 1 현대성의 철학적 기획

칸트적 현대성	민주적 현대성	니체적 탈현대성
합리적 이성	의사소통적 이성 & 성찰적 이성	욕망, 충동, 무의식
보편성	상호주관성	특수성
사회질서	자아정체성과 사회연대	자아정체성
동일성	주체와 타자의 화해	차이
거대 담론 (진보사관)	의사소통적 질서	거대담론 거부(개체의 생성과 변화)
공사 이분법적 사고	공사의 공존질서와 협력	공사해체적 사고
국민국가	토의 민주주의, 성찰적 민주주의, 소수자 인정투쟁	탈국가와 탈자본주의

6) 3부 3장 2의 "기든스의 민주적 공공성" 참조
7) 3부 3장 3의 "호네트의 민주적 공공성" 참조
8) 3부 3장 4의 "프레이저의 민주적 공공성" 참조

2장

현대성의 위기

현대성 기획 과정에서 나타난 다양한 사회 병리적 현상들은 다음에 소개될 철학적 담론을 통해 그 실질적인 모습을 면밀히 드러낸다. 이와 관련하여 아렌트(Hanna Arendt)는 "사회적 영역"의 출현으로 인한 행위의 상실을, 호르크하이머(Max Horkheimer)와 아도르노(Theodore Adorno)는 "도구적 이성의 출현"과 함께 자연과 인간이 물화되는 현상을, 프롬(Eric Fromm)은 현대적 "자유의 획득"과 동시에 공동체적 자유의 상실의 문제를, 하버마스는 국가 행정과 자본주의 경제의 체계가 생활세계를 식민지화하는 현상을 현대성 비판의 핵심 논제로 다룬다.

1. 사회적 영역의 출현

인간으로 산다는 것은 무엇을 의미하는가? 인간이 인간답게 산다는 것은 어떻게 사는 것일까? 지금 우리는 인간의 삶을 살고 있는 것일까? 인간의 삶을 살기위한 조건은 무엇인가? 아렌트에게 인간이 인간답게 산다는 것은 "공적 인간"으로 사는 것을 의미한다.

공적 인간은 타자와 별개로 존재하는 독립적인 개체가 아니다. 공적 인간은 복수적 타자의 존재를 전제로 타자와의 사이에 존재하는 공동체적 존재이다. 언술을 통해 공공의 문제에 관해 타자와 견해를 나누고 자신의 세계관을 타자에게 현시하는 존재이다. 이에 반해, 사적 인간은 독립적이고 개별적인 주체로서 자신의 물질적이고 경제적 이익을 극대화하기 위해 매진하는 사적인 경제인이다. 이들에게 타자는 독자성을 가진 '누구'로 인식되기보다 사회경제적 지위나 위치 등으로 좌표 지어진 '무엇'으로 인식된다. 아렌트가 공적 인간을 사적 인간보다 중요시 여기는 것은 먹고 사는 일이 중요하지 않아서가 아니라 먹고 사는 일만이 중요시되는 현대 자본주의 사회의 모습에 기인한다.

아렌트(2002)는 「인간의 조건」에서 인간다운 삶에 필요한 세 가지 조건을 제시한다. 노동, 작업, 행위가 그것이다. 각각은 그 목적과 가치에 있어 차이가 있지만 인간이 인간으로 살기 위해 없어서는 안 될 필수적인 조건들이다. "노동"은 생물학적 개체의 유지와 종족보존을 위해 필요한 물리적 활동이다. 먹고 사는 문제를 해결하지 않고는 생물학적 삶을 지속시킬 수 없다. 인간은 노동을 통해 외부세계로부터 생을 지속하기 위한 에너지를 공급받는다. 노동은 살기 위한 본능적인 행동이라 볼 수 있다. 이에 반해 "작업(제작)"은 인간의 자연적이고 생물학적인 필요를 목적으로 하지 않는다. 제작도 노동을 투입하지만 생물학적 필요에 의한 목적이 아닌 삶의 유용성이나 창작성을 위해서 존재한다. 제작물은 삶을 유지하기 위한 일회적 소비가 아닌 삶의 유용성이나 미적 기준에 부합하도록 외부의 사물들을 가공하고 변형시켜 새로운 가치를 창출한다. 제작품은 제작자의 삶의 일부로서 제작자의 삶에서 그 유용성이나 미적 가치를 발휘한다. 제작품은 제작자의 의도나 목적에 따라 그것의 쓰임이 달라질 수 있으나, 궁극적으로는 제작자의 정신이나 세계관이 사물에 투영된 인공물로 영속성을 갖는다.

하지만 아렌트가 보기에 무엇보다 인간의 삶에 중요한 것은 "행위"이다. 행위는 언어를 사용하는 인간과 인간 간의 상호소통을 전제한 공적인간의 삶의 양식이다. 행위는 발화를 통해 의미를 산출하는 행동으로 자극-반응 도식에 따른 생물학적이고 본능적인 성격의 행동과는 질적으로 다르다. 행위는 인간의 '탄생'과 함께 개시되는 독자적이고 독특한 세계의 열림으로 행위의 개시(initiation)는 타자와의 관계 속에서 언어의 사용을 통해 드러난다. 평등하고 복수적 개인들이 언어를 통해 자신만의 세계를 자유롭게 타인과 공유하는 동시에 타인의 세계를 경험한다. 이러한 의사소통의 과정은 자신이 타인과 다름을 인식하는 정체감을 부여할 뿐만 아니라 자신의 의견과 타인의 의견을 비교하고 종합할 수 있는 사고능력의 형성을 촉진시킨다. 무엇보다도 의사소통적 삶은 자신이 속한 세계의 정치적 질서를 위한 제도적 기반을 제공하는 역할을 할 수 있다.

행위의 삶은 고대 그리스의 폴리스(polis)적 삶과 일맥상통한다. 하지만 폴리스적 삶은 현대인에게 더 이상 경험될 수 없다. 왜냐하면 18세기 말의 산업자본주의 생산체제의 본격화로 폴리스적 삶의 가능조건인 사적 영역과 공적 영역의 엄격한 경계가 사라졌기 때문이다. 생물학적 삶의 필요를 충족시켜주는 사적 공간인 가정과 언어적 의사소통을 통해 정치적 활동을 보장하는 공적 공간인 폴리스적 공론장의 분리가 더 이상 보장되지 않는 것이다. 이것은 "공적 영역의 몰락"을 초래했다.

더욱 심각한 것은 사적 영역과 공적 영역의 분리가, 해체되는 수준을 넘어 사회 전반과 공권력 영역에서 사적 영역이 공적 영역을 잠식하는 현상으로 나타난 것이다. 사회 전반과 국가 정책에서 먹고 사는 경제적 문제가 최우선의 문제로 등장한다. 물질적이고 경제적인 욕구충족을 위한 사적 영역은 사회 전체의 재화와 부를 효율적으로 창출하기 위한 국가정책과 자본주의적 도구로 전락한다. 이런 현상은 기존에는 존재하지 않았던 사적 영역과 공적 영역이 혼재한 중간 영역인 "사회적인 영역"의 출현을 가져왔다(아렌트, 2002). 이것은 언어와 행위의 주체인 인간이 폴리스적인 정체성을 상실하고 자기 유지와 자본증식이 삶의 원칙이 되는 노동의 주체로 전락하는 "공적 인간의 몰락"으로 이어진다.

2. 도구적 이성의 출현

호르크하이머와 아도르노(2001)는 「계몽변증법」에서 니체의 칸트적 현대성에 대한 비판의 목소리를 현실적인 문제로 구체화된다. 그들은 보편적이고 합리적 이성을 매개로 한 문명화 과정이 인간의 자유를 실현시키는 과정이 아니라 인간이 사회의 기능적 인자로 사물화되는 억압의 과정임을 폭로한다. 인간이 도구적 이성을 매개로 자연을 지배하는 방식과 마찬가지로 자신이나 타인의 신체를 자본 생산시스템에 적합한 생산도구로 취급한다는 것이다. 이와 관련하여 아도르노(2003)는 칸트적 이성이 내적 충동이나 욕구가 배제된 '사물화'된 이성으로 자본주의 생산체제의 가치법칙을 개념화하고 개인의 도덕적 윤리로 내면화시켜서 사회의 보편적 법칙으로 정착시킨다고 주장한다. 이것은 자본주의 가치법칙에 따라 인간의 노동력이 화폐로 환산 가능하고 대체 가능한 단순한 교환가치로 추상화되어 도구로 전락하는 상황에 대한 비판적 시각을 보여준다.

호르크하이머와 아도르노의 현대 문명 비판적 시각은 2차 세계 대전과 아우슈비츠의 충격적인 현장을 목격한 후 던진 다음의 질문에 압축되어 나타난다. "인간은 왜 새로운 종류의 야만 상태로 퇴행하는가?" 그들은 문명을 진보의 역사가 아닌 오히려 야만으로 타락하는 "퇴행의 역사"로 본다. 이런 문명 비판적 시각은 전쟁의 살상과 파괴의 참혹한 결과로 인한 충격에서 기인한 것만은 아니었다. 그것은 현대화 과정을 "도구적 이성"을 매개로 한 자연9)에 대한 총체적 지배와 사물화 과정으로 보는 시각과 결부된다.

이와 관련하여 이들은 문명의 시원과 결부된 타락의 과정을 조망한다. 원시제전 이전, 인간은 자연환경의 힘과 위력에 자신을 전적으로 맡기고 압도된 채 복종하는 상태였다. 인간은 다른 생물체와 다르지 않은 자연에 완전히 종속된 객체의 상태로 자연이 강제하는 질서에 따라 살 수밖에 없었다. 모든 것이 자연적 법칙에 지배받는 삶으로 그 외의 다른 삶은 상상할 수도 없었다. 하지만 인간이 이런 자연에 대한 맹목적인 종속상태에서 벗어나 자신을 유지하고자 하는 최초의 조직적 시도가 원시제전을 통해 이루어진다. 원시제전에서는 주술사가 자연의 형상을 모방한 가면을 쓰고 주술을 외우면서 춤과 노래를 하고 희생물(인간을 포함한)도 바친다. 이러한 주술적 행위는 자연을 달래서 자신의 생명을 보존하고자 하는 지극히 합리적 사고로서 도구적 이성의 발원이 된다.

하지만 자기보존의 합리성은 자기포기의 비합리성과 착종(錯綜)되어 나타난다. 원시제전은 자기유지를 위한 합리적 사고의 결과이지만, 제전과 같은 집단적이고 조직인 행사는 권력관계와 그에 따른 명령과 강제의 비합리적인 요소를 필연적으로 동반한다. 제

---

9) 자연은 외적 자연인 자연환경과 내적 자연인 인간의 신체를 포함한다.

전을 치르기 위해 주술사가 동원하는 강요된 부자유한 노동과 희생 제물 등이 바로 비합리적인 요소들이다. 이처럼 고대의 인간이 자신의 삶을 보존하기 위해 자기의 삶을 희생 제물로 삼아야 하는 삶의 역설은 자본주의를 살아가는 현대인의 모습에서도 나타난다. 자본주의 시스템에 영어(圍圄)되어 삶의 목적인 자신과 자신의 노동을 오히려 희생 제물삼아 삶을 영위해야 하는 것이다.

원시제전 이후에도 인간이 자연에 대해 자신의 지배력을 강화하려는 노력은 지속적으로 이루어져 왔다. 신화의 창조, 종교의 발생, 자연과학의 발달, 기술의 진보, 자본주의 등은 인간이 자연을 지배하기 위해 고안한 새로운 방법들이다. 신화의 창조는 인간이 자연을 지배하고자 하는 욕망을 다양한 신이라는 상상적 매개를 통해 이루고자 하는 것이다. 신을 등장시켜 인간은 자신이 원하는 대로 자연을 보고하고, 명명하고, 그 기원을 설명하고자 한다. 이것은 자연을 자신의 관리와 통제 하에 두고자 하는 의도로 볼 수 있다. 하지만 신화에 등장하는 신들이나 상징물은 그것의 객관적 근거가 없는 가상의 산물들로 상징의 수준을 벗어나지 못한다. 따라서 신화의 미신적 상태에서 벗어나 삶을 이성과 합리성의 토대 하에 새롭게 수립하고자 하는 정신적 움직임이 생겨나는데, 이것은 계몽주의 사조를 탄생시키는 계기가 된다.

자연과학은 신화적 세계관에서 벗어나 합리적 이성과 경험적인 사실을 토대로 자연을 이해하고자 한다. 이를 위해 자연을 객체로 고정시키고 관찰하여 필요한 경험적 데이터를 산출하고 이를 통해 자연을 분석한다. 자연을 구성하는 개별적 개체는 그것이 갖는 고유한 질적 속성을 박탈당하고 물화되어 공통적 속성에 따라 유형화되고 개념화된다. 이것은 자연이 지식의 체계 하에 총체적으로 종속되어 관리되고 통제되는 지배대상으로 전락되었음을 의미한다.

도구적 이성을 매개로 한 자연에 대한 지배전략은 자본주의 체제의 도래와 더불어 인간의 신체에 대한 지배전략의 형태로 극단화되어 나타난다. 인간이 자연의 사물과 마찬가지로 자본 생산시스템의 유용성전략에 적합한 생산도구나 기계로 "물화"되어 자신의 개성과 고유성을 발현할 수 있는 기회를 상실하게 된다. 스스로 생산기계가 되어 자신의 노동을 봉헌하고 이를 통해 생계를 이어나가는 자본주의 시스템의 순응 주체가 된다. 이런 삶의 양식이 지배적인 사회에서는 삶과 노동은 단지 자신의 경제적이고 물질적인 만족을 양산하는 방식으로 일원화되어 자신 외 타인에 대한 무관심으로 이어진다. 또한 타인을 자신과 동등한 인격을 가진 대상으로 취급하기보다 자신의 욕구충족을 위한 도구적 대상으로 취급하는 사고방식인 도구적 이성이 삶을 지배한다. 이것은 타인과의 상호협력이나 이해를 통해 공존하며 살아가기 위해 필요한 "공적(규범적) 이성"의 상실을 의미한다. 도구적 이성이 자기 자신의 내적 욕구충족의 달성을 위해 자신과 타자를 수단으로 삼고자 하는 사고방식이라면, 공적 이성은 타자에 대한 관심과 배려, 사랑, 인정의 상호주관적 관계 속에서 타인과 협력하고 화합하고자 하는 사고방식이다.

3. 공동체적 자유의 상실

우리 모두는 '자유를 향해 나아가는' 또는 '자유를 추구하는' 삶을 살고자 원한다. 구속이나 억압에서 탈피하여 자유와 해방을 누리기를 원하는 것이다. 하지만 에릭 프롬은 자유를 도달하고자 하는 지향점이 아니라 벗어나고자 하는 대상으로 간주한다. 이것은 우리에게 의아함과 동시에 의문을 자아내기에 충분하다. 모두가

갈망하는 자유에서 도피한다는 것은 어떤 의미인가? 만일 그런 일
이 실재한다면, 왜 사람들은 그들이 그토록 열망하는 자유로부터
의 도피를 시도하고자 하는 것일까?

콩스탕이 제시한 두 가지 종류의 자유에 대한 이해는 이 질문에
답하는 데 도움을 준다. "고대인의 자유"와 "현대인의 자유"가 그
것이다. 고대인의 자유는 공동체 구성원으로서 공동체 안에서 누
리는 자유이다. 이런 공동체적 자유는 타인과의 연대, 결속, 화합
을 매개로 생성된다. 반면 현대인의 자유는 개인의 자유이다. 외부
의 간섭이나 개입에서 벗어나 독립적이고 자율적인 개체로서 누리
는 자유이다(장세룡, 2005). 그런데 고대인의 자유와 현대인의 자유
는 길항(拮抗)관계에 있다. 공동체에서 누리는 고대인의 자유는 기본
적으로 개인의 자유에 대한 제한을 전제하고, 이와 반대로 독립적인
개인이 누리는 현대인의 자유는 공동체나 특정 집단(정부)의 간섭이
나 일체의 개입의 배제를 전제로 한다. 어느 한 쪽의 자유를 강조하
면 다른 쪽의 자유가 필연적으로 침해된다.

프롬은 「자유로부터의 도피」에서 그의 논지를 전개하는 데 있어
현대인의 자유에 초점을 맞춘다. 현대인의 출현은 중세 봉건적 신
분질서와 종교적 억압에서 벗어나 평등하고 자유로운 권리를 부여
받은 독립적인 주체로서의 개인의 탄생을 의미한다. 현대인의 탄
생과 관련하여 두 가지 요인을 지목할 수 있다. 첫째는 십자군 전
쟁(1095-1291)이다. 십자군의 장거리 원정(이슬람 세력으로부터 동로
마제국의 성지를 회복한다는 명목의)을 위한 물자 보급의 필요성은 상
업자본의 발달과 신흥자본 세력의 출현을 촉발시켰고, 이는 봉건
적 신분제 질서의 붕괴와 더불어 르네상스 인본주의를 불러일으켰
다. 둘째는 프로테스탄티즘의 출현을 들 수 있다. 신의 대리인으로
서의 교회의 권위와 절대성을 주장하는 가톨릭교회의 교리를 부정

하고 성서를 통한 단독적인 개인의 신앙적 믿음을 강조하는 프로테스탄티즘은 개인성을 자각시키는 계기로 작용하였다. 프로테스탄티즘은 개인이 단독적으로 신과 소통할 수 있다고 설파함으로써 자신을 개인으로 경험해 보지 못한 중세인에게 개인성을 경험할 수 있는 기회를 제공하였다. 이런 개인의 탄생은 현대적 자유의 출현을 의미한다.

현대적 자유의 출현은 그 후 산업혁명의 종획운동(enclosure)을 계기로 확산되고 일반화되었다. 당시 봉건영주들이 양모 산업을 위해 장원에 귀속되어 있는 농노들의 공동 경작지를 몰수하고 사유화하면서 농노들은 도시의 공장으로 내몰리게 되고 임노동자로 전락했다. 중세적 권위의 귀속에서 벗어나서 독립적이고 주체적인 개인의 삶을 살게 되었지만 동시에 공동체적 연대와 결속의 안전망을 상실한 채 고립된 삶을 살게 되는 역설을 경험하게 된다. 자유에 부과된 책임과 의무를 오롯이 개인의 몫으로 떠안아야함은 물론 책임과 의무를 나누며 의지할 타자를 상실하게 된다.

현대적 주체—자유롭고 독립적이지만 공동체로부터 분리된—가 겪는 심리적 상태는 유아의 개인화(individuation)과정을 통한 '자아'의 탄생과 유사하다(피아제, 2020). 유아는 생후 15주가 되면 자아가 형성되기 시작한다고 한다. 자아가 형성되기 전에는 자신과 외부 세계와의 경계가 불분명한 몽환적인 상태로 산다. 엄마의 자궁에서 엄마와 합일하여 사는 것과 같은 안정적이고 평온한 상태라는 것이다. 이런 상태는 개념을 통해 외부 세계를 인식하기보다 외부 세계를 지각과 동시에 사라지는 이미지로 인식한다. 이를 정신분석학자인 라캉은 상상계라고 한다(김석, 2007). 하지만 유아가 독립적인 자아를 갖기 위해서는 외부와의 경계가 없는 상상계적 상태에서 벗어나 외부세계를 자신과 분리된 어떤 것으로 인식해야 한다. 외부세계에 대한 인식은 언어를 통해 형성된 법과 질서의 세계인 상징계로의 진입을 의미한다. 상징계로의 성공적인 진입은 오이디푸스 콤플렉스의 극복을 의미하며, 이는 정상적인 자아와 주체의 탄생을 의미한다. 반면 이것은 상상계에서의 합일된 상태를 상징계의 언어 세계인 법과 질서를 통해 강제로 분리시킴으로써 동시에 신경증적인 주체를 양산한다고도 볼 수 있다. 이런 측면에서 보면 인간 모두는 신경증적인 주체라고 말할 수 있다.

자아의 형성은 외부세계와의 분리를 통해 이루어지는 것으로 이는 독립적인 자아를 획득하는 과정인 동시에 외부세계와의 연대와 통합이 무너진 고립되고 외로운 주체 탄생의 과정을 의미한다. 이처럼 현대인은 거대한 외부의 힘을 단독으로 대면해야 하는 외롭고 불안한 주체로 전락한다. 이것이 현대적 주체들의 운명이다. 공동체적 연대와 안정적인 통합질서가 무너진, 개인의 책임과 의무를 나눌 공동체의 부재가 독립적인 주체가 누리는 자유의 대가인 것이다.

이런 현대적 자유와 결부된 외로움과 불안은 자신보다 강한 권위나 힘에 구속됨으로써 안정감을 누리고자 하는 병리적 현상으로 나타나기도 한다. 개인적인 수준에서는 피학증(masochism)이나 반대로 가학증(sadism)으로 나타난다. 종교적으로는 절대자에게 맹목적으로 복종하거나 맹신하는 광신자로 나타난다. 정치적 집단이나 체제 안에서는 전체주의에 순응하고 동조하는 무기력한 개인들로 나타난다. 역사적으로 보면 독일 나치즘의 출현과 이를 열광적으로 지지한 독일인들에게서 볼 수 있다. 제1차 세계대전 패전국가로서의 독일이 패전국으로서 지불해야하는 전쟁 배상금 문제와 극심한 경제적 어려움은 독일인(특히 중, 하층민)들이 전체주의적 성향의 나치정부 출현을 지지하고 동조하는 계기가 되었다. 독립적이고 자유로운 주체로서의 삶을 포기하고 절대적인 권위에 복종함으로써 누릴 수 있는 심리적 안정감을 원한 것이다. 이런 상태는 병리적인 상태로, 이성적이고 합리적인 판단에 기초하기보다 충동적인(억압된 무의식의 회귀를 통한) 결정이다. 하지만 절대적인 권위에 복종함으로써 얻는 노예적 자유는 자유를 포기하면서까지 누리고자 하는 심리적 안정감을 결코 보장하지 않는다. 단지 또 다른 억압과 폭력만을 양산할 뿐이다.

4. 생활세계 식민지화

체계의 생활세계 식민화는 후기자본주의를 계기로 서구 현대사회에 나타난 현상이다. 이 현상은 "상호이해지향적인" 의사소통 행위를 통해 사회통합과 질서를 유지하는 생활세계의 원리가 "전략지향적인" 화폐와 권력을 매개로 하는 체제의 원리에 의해 대체되고 물화되는 상태를 말한다(강병호, 2020). 현대화 과정에서 체계는 생활세계의 규범적 질서에서 벗어나 자립적인 질서를 수립하고 자신의 합리성 원리를 증대하는 방향으로 나아간다. 현대 국가의 성립은 권력을 통한 행정 효율성의 목표를 원리로 하는 행정체계의 자립화로 나타나고, 자본주의 시장질서의 성립은 화폐를 통한 이윤극대화의 목표를 원리로 하는 시장체계의 자립화로 나타난다. 이 과정에서 생활세계는 전체 사회를 규제하고 조직화하는 총체적 원리로서의 자격을 박탈당하고 사회 영역의 일부로 전락한다. 이런 현상은 후기자본주의 이후 서구 사회에서 일반적으로 나타나는 현상이다.

생활세계 식민화 과정을 두 차원으로 세분화하여 구체적으로 살펴보면, 첫째, 현대사회로 진입하는 과정에서 체계가 전근대적 생

활세계의 규범적 질서에서 벗어나 자립적인 질서를 수립하는 단계
이다. 전근대사회에서는 신성성과 종교성을 토대로 형성된 규범적
가치가 사회 구성원의 행동 전반에 총체적 질서를 부여했다. 이것
은 일종의 제식 공동체로 종교적 질서를 기반으로 강한 집단의식
과 통합적 세계관을 특징으로 하는 환절사회이다. 환절 사회는 혼
인관계와 그로인한 교환관계를 통해서 형성된 "집합적으로 공유된
동질적 생활 세계"(하버마스, 2015b: 249)로서 강한 집단의식이 사회
제도와 개인의 삶 전체를 지배한다. 이런 사회에서는 기본적으로
합리적이고 자율적인 개인과 자신의 물질적 이익을 추구하는 목적
합리적 행위가 형성될 수 없다. 따라서 교환행위도 경제적 목적이
아닌 상호 윤리적 목적이거나 공유를 통한 집단의 연대와 결속의
목적에 한정된다[10](하버마스, 2015b: 188).

하지만 현대사회로의 진입을 계기로 전통적 규범이 상실되고 경
제적이고 물질적 이익을 추구하는 목적 합리성이 사회 전반의 지
배적 가치로 자리를 잡게 된다. 이러한 가치관의 변화는 상업 자본
주의의 형성, 과학 기술 발달, 부르주아지 시민계급의 등장이 초래
한 결과로, 세속화된 사회의 등장으로 전통적 규범과 종교적 권위
가 사회통합과 사회화를 견인하는 기능을 제대로 담당하지 못할
때 나타난다. 이제 통합적 사회의 일부로 존재하는 개인들이 전통
적 세계관에 의구심을 갖고 자신의 합리적 이성을 통해 새로운 가
치 지향을 추구하고자 한다. 이러한 경향성은 두 가지 자율적인 체
제의 성립을 중심으로 확산된다. 국민국가의 성립과 자본주의 경

10) 이런 전근대 사회의 교환과 관련하여 하버마스(2013)는 남태평양 트로브리
안드 제도의 쿨라(kula)무역 전통과 북아메리카 원주민 사회의 포틀래치
(potlatch) 전통과 같은 부족사회의 교환 메카니즘을 예로 제시하고 있다.

제의 등장이 그것이다. 현대의 국가행정과 자본주의 체계는 중요
한 의미를 갖는데, 그것은 도덕과 규범을 작동원리로 삼는 전통적
인 생활세계의 원리로부터 권력과 화폐를 작동원리로 삼는 체계의
원리가 분화되어 자신의 독립적인 운동 원리를 구축한다는 것이
다. 생활세계의 행위자들이 상호의사소통을 통해 집합적 이해와
합의를 도모한다면, 체계 내의 행위자들은 양화된 목표를 설정하
고 그 목표를 달성하기 위해 전략적으로 사고하고 행동한다.

먼저 국가의 성립과 관련하여 하버마스는 "전통 사회에서 국가
는 사회 전체로서 집합체의 행위 능력이 집중된 조직인 반면에, 현
대사회는 조절 기능을 단 하나의 조직의 틀 안에 집적하는 깃을
단념한다. 전체 사회에 중요한 기능들은 여러 행위 체계로 배분된
다. 행정, 군사, 사법과 함께 국가 기구는 구속력 있는 결정을 통해
서 집합적 목표를 달성하는 일에 전문화된다"고 설명한다(하버마스,
2015b: 270). 이런 국가의 통치는 일반적이고 추상화된 법에 근거하
여 이루어지고 또한 기능적으로 조직화된 관료조직과 전문화된 행
정을 통해 통치 질서를 실현한다.

다음으로 화폐를 통해 시장에서 자발적 교환이 이루어지는 자본
주의 경제체제의 등장이다. "국가는 전체 사회의 경제를 조절하는
기능을 넘겨주게 되는데, 이제 화폐 매체가 그러한 기능을 전문적
으로 맡게 되며, 규범적 맥락에서 벗어난 하부 체계의 기초가 된
다. 자본주의 경제는 더 이상 전통적 국가처럼 제도적 질서로 파악
될 수 없다"(하버마스, 2015b: 270). 현대 자본주의 경제는 국가권력
과 결합된 중상주의 경제 질서에서 벗어나 국가의 간섭으로부터
자유로운 자유방임적 경제 질서로의 전환을 통해 그 기반을 형성
한다. 시장은 국가의 개입이 아닌 생산과 소비에 의해 가격이 형성
되고 거래가 이루어지는 자율적인 사적 영역으로 자리를 잡게 된다.

생활세계 식민지화 과정의 두 번째 차원은 체계와 생활세계가 각각 복잡성과 합리화를 증대시켜 가는 과정이다. 국가행정과 시장경제 체계가 각각 관료적 합리성과 이윤 극대성의 원리를 통해 성공 지향적이고 전략적인 행위를 확대하고 재생산해 나가는 반면, 생활세계는 전통적 세계관에서 벗어나 합리적 의사소통에 입각한 이해지향적인 행위를 추구하게 된다. 하버마스는 체계가 생활세계의 원리로부터 분화하여 자립화하는 것을 사회적 진화의 산물로 보고 그 자체를 문제 삼지 않는다. 그것은 합리적 의사소통을 매개로 전통의 생활세계원리의 정당성을 문제 삼고 새롭게 의미를 규정하려는 "의사소통 합리성"의 자연스러운 결과이기 때문이다. 그가 문제 삼는 것은 현대 사회에서 체계가 자신의 영향력을 확장하고 강화해 나가면서 자신의 존재 근거이자 정당성의 원천인 생활세계를 지배하고 "식민지화"하는 현상이다. 자본주의 경제와 국가 행정의 원리가 그 영향력을 점차 증대시키면서 도덕규범을 통한 사회통합의 원리가 되는 생활세계를 잠식하고 대체하게 된다. 이것은 "규범에서 자유로운 사회성이라는 제2의 자연으로 응고된" 체계가 "생활세계의 지평을 뚫고 나가" 자신의 고유한 합리성의 운동 원리에 따라 움직이는 상황을 가리킨다(하버마스, 2015b: 273). 체계의 영향력이 커지면서 생활세계는 자신의 독자성과 체계의 도덕적 정당성의 근거를 상실하게 되고 사회체계에서 하나의 하부체계로 밀려난다(Ibid.). 이처럼 생활세계 식민지화의 심각성은 생활세계의 행위조정을 위한 조절매체로서의 언어적 의사소통이 시장의 화폐나 행정 권력의 조절매체에 의해 대체되어 사라지게 된다는 데 있다.

5. 평가와 문제 제기

현대성의 위기와 관련한 평가와 문제 제기는 다음의 세 가지를 제시할 수 있다. 첫째, 현대화 과정 속에서 나타난 사회 병리적 현상들은 특정 개인이나 집단에 한정된 문제가 아니라 사회 구성원 전체가 예외 없이 경험하는 공적인 문제이다. 다시 말하면 현대성의 위기는 다름 아닌 "공공성의 위기"라고 할 수 있다. 앞서 살펴본 바와 같이 자본주의적 가치의 확산은 폴리스적 "행위"의 주체인 인간을 자기 유지와 자본증식을 삶의 원칙으로 삼는 경제적 인간으로 전락시키고 있다. 이것은 자신과 타자를 개별적인 고유성을 지닌 존재로 여기기보다 생산목적을 위한 도구적 존재로 취급하는 결과를 초래한다. 이런 자본주의적 인간은 물질적 풍요를 얻는 대가로 공동체적 연대를 상실하고 고립되고 불안한 병리적 주체로 전락한다. 그리고 이러한 병리적 주체로 구성된 시민사회는 민주적 의사소통을 상실하고 국가 권력이나 자본주의 질서에 종속되어 지배받는다. 이것은 시민사회 공론장의 붕괴를 의미하는 것으로 민주주의 근간을 위협하는 결과를 초래한다(표 1을 참조).

둘째, 현대성의 위기는 "어떤 삶이 좋은 삶인가"에 대한 공공철학의 핵심적인 논의를 개입시킨다. 이와 관련하여 자유주의들과 공동체주의자들은 각각의 사상적 관점에 따라 좋은 삶에 대한 의미와 해석을 달리한다. 거칠게 요약하면, 자유주의의 관점에서는 국가의 간섭으로부터 사적인 권리(재산권, 생명권, 자유)를 보장받는 것이 좋은 삶이다.[11] 이에 반해 공동체주의는 개인의 권리보호보

---

11) 이와 관련하여서는 2부 2장의 "자유주의 사상의 전개"에서 구체적으로 논의함

▌표 2 현대성 위기와 공공성의 쇠락

저자	저서	현대성의 위기	공공성의 쇠락
한나 아렌트	인간의 조건	사회적인 것의 출현	정치적 행위를 상실한 인간
호르크하이머 & 아도르노	계몽의 변증법	도구적 이성의 출현	자본주의 생산도구로 전락
에릭 프롬	자유로부터의 도피	공동체적 자유의 상실	불안하고 고독한 현대인
위르겐 하버마스	의사소통행위 이론	체제의 생활세계 식민지화	시민사회 공론장의 붕괴

다 시민의 덕성과 정치적 참여를 통한 공공선의 추구를 최종 목표로 삼는 삶12)이나 정치적 참여의 수단을 매개로 타인의 자의적 지배로부터 자유로운 삶13)을 보장받는 것을 좋은 삶으로 간주한다.

셋째, 현대성 비판과 관련하여 제기될 수 있는 문제는 시민사회의 생활세계를 국가 권력과 자본주의 경제의 직접적인 영향권 하에 있는 무기력하고 고정된 사적 공간으로 간주한다는 것이다. 이러한 시각은 시민사회가 국가 권력과 자본주의 질서에 포섭되어 삶의 양식이 변모되는 병리적인 현상에 주목하면서 사적 공간이 가지고 있는 "민주적 잠재성"을 간과하게 만든다. 이것은 국가를 중심으로 한 공사이분법적 질서를 전제한 사고로 이런 관점에서는

---

12) 이와 관련하여서는 2부 3장 1의 "시민적 공화주의"에서 구체적으로 논의함
13) 이와 관련하여서는 2부 3장 2의 "자유주의적 공화주의"에서 구체적으로 논의함

사적 영역으로 간주되는 시민사회의 민주적 정치의 가능성이 배제
된다.[14]

---

14) 이와 관련하여 3부 1장에서는 "현대적 공공성"이 토대로 삼는 공사이분법
    적 질서와 그것의 한계점에 관하여 구체적으로 논의한다. 그리고 3부 2장
    에서는 현대적 공공성에 대한 대안으로 "민주적 공공성"을 제시하고 그와
    관련된 다양하고 구체적인 논의를 전개한다.

2부

공공성 사상의 계보

1장

개   관

앞선 현대성에 대한 비판적 논의는 근본적인 철학적 질문으로 이어진다. 인간이란 어떤 존재이고 어떤 삶을 살기를 원하는가? 이것은 공공철학의 핵심 질문인 "좋은 삶"이란 무엇인지에 대한 문제로 오래된 철학적 논쟁 중 하나이다. 이와 관련하여 아리스토텔레스에서 로크, 루소, 칸트, 아렌트 등 많은 철학자들은 좋은 삶에 대한 자신만의 철학적 관점을 제시한다. 아리스토텔레스는 인간이나 사물의 고유하고 본질적인 기능의 실현인 아레테(άρεπή, arete, 탁월성, 덕)에 이르는 삶을, 로크는 자의적인 외부의 간섭이나 개입으로부터 자유로운 삶을, 루소는 공동체 구성원의 일반의지에 따른 공공선을 추구하는 삶을, 칸트는 실천이성에 따른 자율적인 삶을, 아렌트는 언술을 통해 자신의 세계를 개시하고 타인과 공유하는 행위의 삶을 좋은 삶이라고 규정한다.

이와 같은 공공성에 대한 시각차는 역사적으로 보면 크게 "옳음"과 "좋음"의 문제를 중심으로 한 자유주의와 공동체주의 간의 논쟁적 대립을 통해 나타난다(샌델, 2016). 자유주의 철학자들은 "옳음"을 "좋음"의 가치보다 우선시하는 권리(權利)기반 윤리를 바탕으로, 개인의 자유와 권리의 보호를 목표로 삼는다. 반면 공동체주의 철학자들은 "좋음"을 "옳음"보다 우선시하는 선(善)기반 윤리를 토대로, 개인을 포함한 공동체 전체의 이익을 위한 공공선의 추구를 목표로 한다. 이런 공공성에 대한 시각차는 개인의 자유, 도덕, 공리와 결부된 가치의 문제나 시장이나 정부를 둘러싼 제도의 형성에 중요한 영향을 미친다.

2장

자유주의 사상의 전개

　현대적 공공성은 자유주의 사상을 중심으로 시작되었고, 이는 법과 제도를 매개로 좋은 삶을 구현하고자 하는 기획이었다. 자유주의가 지향하는 공공성은 "옳음"의 가치를 "좋음"의 가치보다 우선순위에 두는 "권리기반 윤리"를 바탕으로 한다(샌델, 2016). 이러한 시각에서 개인은 독립적이고 자유로운 주체로 상정되고 이에 따라 개인의 자유는 신성불가침의 권리로 보호된다. 그럼에도 불구하고 자유주의적 공공성은 그 형식과 내용에 있어 고정된 것이 아니라 시대적 조건이나 상황에 따라 변화한다.

　이와 관련된 사상적 변천으로는 고전적 자유주의(Classical liberalism), 칸트적 자유주의(Kantian liberalism), 새로운 자유주의(New liberalism), 그리고 신자유주의(Neo-liberalism)가 있다. 고전적 자유주의는 국가의 자의적 권력이나 간섭으로부터 개인의 자유를 보호하는 소극적 자유를 표방하고, 칸트적 자유주의는 자유의 의미를 이성의 명령에 따라 사고하고 행동하는 자율로 엄격하게 제한하고, 새로운 자유주의는 고전적 자유주의의 소극적 자유의 원리를 탈피하여 개

인의 역량을 실현할 수 있는 사회적 조건의 마련을 위한 국가의
적극적 역할을 강조하는 적극적 자유를 추구하고, 신자유주의는
국가의 적극적 역할을 반대하고 고전적 자유주의의 시장원리를 경
제영역을 넘어서 사회 전반의 실천적 원리로 정착시키는 것을 목
표로 삼는다.

  이런 자유주의의 사상적 변천은 제도화 과정을 거쳐 국가와 시
장경제를 중심으로 한 국가 통치의 방식에 결정적인 영향을 미쳤
다. 고전적 자유주의는 18-19세기 중반 자유방임주의 국가의 기틀
을, 새로운 자유주의는 19세기 말-20세기 중반의 복지국가의 기
틀을, 그리고 20세기 말 이후 신자유주의는 신자유주의적 자본주
의 국가의 기틀을 마련해 주었다.

1. 고전적 자유주의(Classical liberalism)

  고전적 자유주의는 개인주의를 철학적 기반으로 삼고 개인의 자
유를 핵심가치로 표방한다(보비오, 1992). 개인주의는 개인이 사회
보다 우선시된다는 전제에서 출발한다. 이때 사회는 개인들의 총
합에 불과한 추상적 개념으로 개인의 이익을 위해서만 존재한다.
그리고 개인은 평등하고 독립적이며 외부의 간섭과 강제로부터 자
유로운 존재로 간주된다. 이러한 개인주의의 자유주의적 이상은
모든 인간이 평등하고 독립적인 존재로 어떠한 사람도 타인의 생
명, 건강, 자유, 소유물을 침해할 수 없다는 자연법을 근간으로 하
는 것이다(로크, 1990). 그리고 자연법으로부터 도출된 천부인권적
자연권[1]은 사회계약[2]을 통해서도 양도될 수 없는 권리가 된다.

---

  1) 공리주의자의 창시자인 벤담(Jeremy Bendam)은 자유를 천부인권적 자연

이처럼 개인주의는 개인의 자유를 조건으로 성립된다. 이때 자유는 외적인 간섭이나 압력의 부재를 의미하는 '소극적 자유'로, 곧 국가의 간섭으로부터의 자유이다. 전통적으로 국가는 불신의 대상

권으로 삼는 자유주의의 방식을 거부한다. 그는 자연권이 존재하지도 않으며 객관적으로 증명될 수 없는 환상이라고 주장한다(벤담, 2013). 그 대신 그는 고통을 피하고 쾌락을 추구하는 인간의 근본적이고 객관적 원리로서 공리(최대 행복의 원칙)를 도덕률의 기초로 삼고 이를 토대로 다수인 사회 구성원의 공리가 극대화되는 최상의 사회를 실현하고자 했다. 하지만 이처럼 최대다수의 최대행복의 공리가 목표가 되는 사회에서 소수자의 권리는 다수의 공리의 극대화를 위해서 무시될 수 있다. 그리고 이리한 사회에서는 개개인의 다양한 욕구와 취향은 동등한 양적 지표를 통해 사회적 공리의 총합으로 환산되고 관리된다. 이러한 공리주의적 가치는 개인의 자유와 존엄성을 최고의 가치로 여기는 자유주의적 가치와 근본적으로 충돌한다.

2) 사회계약은 개인이 자신의 생명, 안전, 자유를 보호하기 위해 자신의 권리의 일부를 자발적으로 국가 권력에게 위임하기로 합의한 내용이다. 이와 관련하여 홉스(T. Hobbes)는 "만인의 만인에 대한 투쟁"이라는 야만적이고 혼란한 자연 상태에서 벗어나기 위해 권력의 주체인 제3의 주권자와 사회계약을 통해 안전과 평화를 보장받는다. 이러한 계약과정에서 개인은 자신의 자연권 모두를 주권자에게 자발적으로 양도하고 복종할 의무를 갖는다. 이것은 사회계약을 통해 만인의 의지를 하나의 절대 군주 아래에 통합시킨 리바이어던(Leviathan)을 탄생시킨다(홉스, 2007). 로크는 홉스와 달리 자연 상태에서의 개인은 천부인권인 자연권을 소유한 자유롭고 평등한 존재이지만 불확실성에서 벗어나 항구적인 평화와 안전을 보장받기 사회계약을 통해 스스로 법의 지배하에 놓인다고 주장한다. 이때 천부인권인 자연권의 본질적인 부분은 사회 계약을 통해서도 양도될 수 없다. 단지 계약 관계의 주체로서 자신의 일부 권리만을 자발적으로 양도할 수 있을 뿐이다. 그리고 법의 제정과 집행의 주체자로서의 정부는 외부의 자의적인 간섭과 강압으로부터 개인의 자연권을 보호하는 역할로 그 권한이 제한된다(로크, 1990). 그 외의 사회계약론의 대한 개괄적인 내용에 관해서는 고봉진(2014)과 류청오(2010)를 참조.

이며, 국가의 자의적이고 권력이나 권한은 '법의 지배'(rule of law)의 원리에 의해 제한된다. 정당한 국가의 역할은 야경(夜警)국가와 사적 재산권 보호에 한정되는 최소국가로 제한된다. 이에 반해, 개인은 다른 사람의 권리를 침해하지 않는 한에서 무엇이든 자신이 원하는 대로 할 수 있는 자유를 누린다. 이런 자유주의의 이상은 소유적 개인주의에 바탕을 둔 사고로, 자신에게 속한 것(생명, 재산, 재능, 노동 등)은 자신의 소유로 스스로의 결정에 따라 처분할 수 있어야 한다는 것이다(로크, 1990; 밀, 2005). 이런 믿음은 개인들이 자신이 원하는 것을 가장 잘 알고 있으며 자신의 욕망을 충족시키기 위해 합리적이고 이성적인 최선의 판단을 할 수 있다는 전제를 바탕으로 한다. 다시 말하면 자유 시장에서 모두가 각자의 이기적 욕망을 추구하는 것은 사회 전체에 효용성을 증진시키는 긍정적인 행위라는 것이다. 이것은 이기적 욕망을 개인을 움직이는 긍정적인 힘으로 여기는 사고로 이런 욕망관은 "자유방임주의" 시장 원리의 핵심적인 요소이다(노명식, 2015).

2. 칸트의 자유주의(Kantian liberalism)

칸트(I. Kant)의 자유는 고전적 자유주의자들의 자유와는 다른 의미를 갖는다. 우선 칸트는 자유를 인간이 생득적으로 부여받은 천부인권적 권리로 생각하지 않는다. 그 대신 자유를 이성적 존재로서 인간이 누리는 권리로 이성의 인도에 따라 사고하고 행동하는 것과 결부지어 생각한다. 이성적으로 행동한다는 것은 감정이나 욕구 그리고 외부의 조건에 의해 좌지우지되지 않고 자신이 스스로 정한 바에 따라 행동하는 자율적인 상태를 의미한다. 따라서 칸트의 자유는 외부의 간섭으로부터의 경험적 자유를 의미하지 않는

다. 그에게 자유는 "자율(autonomy)"로 개개인의 주체 안에 선험적
으로 주어진 '실천이성'의 도덕적 명령에 따라 행동하는 것이다. 이
것은 도덕적 입법의 주체로서의 개인이 누리는 자유를 의미한다.
이런 기준에서 보면 겉으로 보기에 자유로운 행동도 외부의 조건
이나 욕망 또는 경향성에 종속된 경우에는 자유라고 볼 수 없다.
오히려 칸트는 이런 자유를 타율(heteronomy)로 간주한다.

하지만 우리가 스스로 정한 자율적 법칙이 실천이성의 명령에
부합하는 것인지 어떻게 알 수 있는가? 실천이성은 경험적인 지성
에 의해 접근 가능하지 않은 선험적인 세계에 속하지 않는가? 이와
관련하여 칸트는 보편타당한 도덕법칙의 형식인 '정언명령'을 통해
알 수 있다고 말한다. "너의 의지의 준칙이 항상 동시에 보편적 법
칙 수립의 원리로서 타당할 수 있도록 행위 하라"(칸트, 2019). 정언
명령은 의지를 규정하는 질료인 경험적 내용을 제공하지 않는다.
단지 "형식"만을 제공할 뿐이다. 왜냐하면 경험적 내용이 의지를
규정할 때 윤리적 실천의 보편성은 상실될 위험에 처하기 때문이
다. 대상 경험에 의존하는 윤리적 원칙(행복)이 조건적인 보편성은
제공할 수 있어도 정언적인 보편성은 제공할 수 없다. 다시 말하면
가언명령은 개별적인 의지를 규정하는 '실천적 준칙'은 될 수 있어
도 보편타당한 '실천적 법칙'은 될 수 없다.

실천이성에 의해 드러난 정언명령인 도덕법칙의 형식에 따를 때
의지는 경험적 인과법칙의 필연성에서 벗어나 "자유"를 획득하게
된다. 도덕법칙과 자유는 불가분의 관계에 놓여있다. 다시 말하면
"도덕법칙은 자유의 인식 근거"이고 "자유는 도덕법칙의 존재 근
거"이다(칸트, 2019; 이수영, 2021). 도덕법칙을 전제하지 않고서는
자유를 인식하거나 경험할 수 없고, 자유를 전제하지 않고서는 의
무감이나 책임감을 느끼게 하는 도덕법칙을 의식할 수 없다는 것

이다. 도덕법칙을 의식하고 따른다는 것은 자유의 능력을 통해 도덕법칙을 실행에 옮기고 있음을 뜻한다. 그리고 자유는 의무감, 책임감, 존경심과 같은 도덕 감정3)을 통해 입증된다.

3. 새로운 자유주의(New liberalism)

개인주의와 자유방임을 표방하는 고전적 자유주의는 산업혁명 이후 심각해진 영국의 사회 병리적인 해결에 어떤 도움도 줄 수 없었다. 개인의 자유를 천부인권의 권리로 여기고 국가를 포함한 어떠한 외부의 간섭이나 방해도 배제하는 소극적 자유론은 당시 열악한 노동 환경이나 불공정한 근로계약 조건에 처한 사회 약자들의 문제를 개인의 자유라는 명분아래 방임하는 결과를 초래 했을 뿐만 아니라 자본주의 기득권자들의 이익만을 보장해 주는 어처구니없는 상황을 야기했다.

그린(Thomas Hill Green, 1836~1882)은 사회적 문제에 무기력한 소극적 자유를 표방하는 고전적 자유주의에서 벗어나 "적극적 자유"를 표방하는 새로운 자유주의4)(new liberalism)를 내세웠다. 그는 적극적 자유가 지향하는 바를 다음과 같이 정리했다(조승래, 2014: 100에서 재인용).

모든 인간들이 평등하게 공동선에 공헌할 수 있도록 그들이 지니

---

3) 이때 도덕 감정은 자연적 현상의 인과계열에 속하는 행복감이나 쾌감과는 다르다.
4) 새로운 자유주의(new liberalism)는 소극적 자유와 자유시장주의 원리를 표방하는 신자유주의(neo−liberalism)와는 다르다. 전자를 신자유주의로 표기하는 경우도 있지만 후자와의 구별을 위해 새로운 자유로 명명하였다.

고 있는 능력과 힘을 해방시키는 것이다. 자유를 바르게 이해한다면
단순히 제약과 강요로부터 자유, 그리고 우리가 하고 싶은 것이 무
엇인지 상관없이 우리가 하고 싶은 대로 하는 자유여서는 안 된다.
가치 있는 일을 우리가 남과 함께 공동으로 행하고 즐길 수 있는
적극적 힘이요 능력일 때 자유는 사회적으로 바람직한 것이다.

다시 말하면 천부인권의 자연권으로서의 개인의 자유는 자신이
원하는 것을 하는 소극적이고 한정된 자유가 아니라 사회의 구성
원으로서 참여를 통해 자신의 역량을 실현하는 자유라는 것이다.
그리고 사회와 동떨어진 개인적인 욕망의 실현을 위한 자유가 아
닌 이성에 따른 공동의 이익과 목표가 부합하는 자유라는 것이다.
이와 관련하여 국가는 개인의 자유방임을 보장하는 최소국가의 역
할을 넘어서 모든 개인이 시민으로서 사회 안에서 자신의 자아실
현을 달성할 수 있도록 최소한의 조건을 마련해주는 적극적인 역
할을 해야 한다는 것이다.

새로운 자유주의가 표방한 적극적 자유는 신자유주의(neo-liberalism)
사조의 확산에 저항하는 대항담론으로서 나타난 공동체주의의 논
의로 이어진다(조승래, 2014). 공동체주의는 역사가들의 공화주의
연구에 의해 촉발된 사상으로, 적극적 자유의 관점은 무엇보다 "비
지배적 자유"로 대변되는 자유주의적 공화주의의 사상에 반영되어
나타난다.[5]

---

5) 이와 관련해서는 2부 3장 2의 "자유주의적 공화주의"에서 자세히 언급한다.

4. 신자유주의(Neo-liberalism)

신자유주의는 새로운 자유주의의 등장과 함께 시작된 복지국가
의 위협에 대한 자유주의 내부의 대응으로부터 시작되었다. 새로
운 자유주의는 고전적 자유 시장과 최소 국가의 원리로부터 탈피
하여 국가가 사회경제적 영역에서 적극적인 역할을 담당해야 한다
고 주장한다. 이것은 자유방임주의로 인한 시장실패를 교정하고
개인이 자유를 누리기 위한 실질적인 조건의 마련을 위한 국가의
적극적 역할을 수용하는 것이었다. 무엇보다 1920년대 영국의 만
성적인 높은 실업률과 1930년대 미국의 대공황은 시장에 대한 국
가의 적극적인 개입의 필요성과 정당성을 확인시켜주었다. 유럽의
사회민주주의나 미국의 뉴딜 자유주의는 이러한 시대적 배경 하에
나타난 제도적 산물이라 할 수 있다.

하지만 1970년 중후반부터 시작된 석유파동을 계기로 시작된 스
태그플레이션(경기불황과 인플레이션이 동시에 나타나는)의 장기화는
국가 주도의 케인지언 경제정책(통화·재정 정책)에 대한 의구심과
책임론을 불러일으키기에 충분했다. 이를 계기로 국가의 시장개입
을 반대하고 고전적 자유주의를 바탕으로 자유주의를 새롭게 재건
하고자 하는 일련의 시도가 나타났다. 오스트리아학파의 경제학자
인 하이에크(Friedrich Hayek)와 시카고학파의 경제학자인 프리드먼
(Milton Friedman)을 중심으로 신자유주의를 표방하고 자유 시장 원
리를 확산시키려는 정치운동이 바로 그것이다(유승경, 2019).

신자유주의는 고전주의적 자유주의에 바탕을 둔 시장원리인 자
유방임주의의 경쟁을 법과 제도를 통해 사회 전반의 원리로 확대
하고자 한다. 자유방임주의가 국가와 시장의 영역을 분리하여 국
가로부터 개인의 재산권과 자유로운 경제활동을 법과 제도를 통해

보장하려고 했다면6) 신자유주의에서 국가와 시장은 더 이상 분리
되지 않고 오히려 국가가 시장에 종속된다. 국가는 시장의 경쟁원
리를 법과 제도를 통해 사회전반의 규칙으로 정착시키기 위한 매
개체로서의 역할을 한다(사토 유시유키, 2014). 이것은 자유주의의
개입적 방식으로, 기존에 경쟁이 존재하지 않는 영역에까지 시장
경쟁의 원리의 개입과 영향력을 확장하려는 시도이다.7) 여기서 국
가는 더 이상 시장과 분리된 영역으로 자유경쟁 시장을 교란하고
방해하는 존재가 아니라 시장의 경쟁원리를 법과 제도를 통해 정
착시키고 실현하는 역할을 감당하게 된다. 다시 말하면 국가는 자
유로운 경쟁을 특징으로 하는 시장의 조건을 사회 전반에 확산시
키고 이것을 사회 전반의 영역에 정착시키는 자유경쟁시장 원칙의
전도사 역할을 담당하게 된다.

  자유방임주의가 욕망을 매개로 자기통제가 이루어진다면 신자유
주의는 경쟁의 제도적 정착을 통해 자기통제가 이루어진다. 그리
고 신자유주의 하에서는 복지국가에 의해 이루어졌던 "위험의 사
회화8)"가 "위험의 개인화"로 변형된다(사토 유시유키, 2014). 위험의

---

 6) 자유방임주의는 시장적 경쟁을 이기적이고 소유지향적인 개인이 자신의 욕
    망을 자유롭게 추구하는 과정에서 나타나는 자연스러운 결과물로 보고 이
    를 국가나 외부의 간섭으로부터 보호하고자 한다.
 7) 공공부문의 효율성을 제고한다는 목적으로 국가에 의해서 소유, 관리, 운영
    되는 조직 등을 민간자본에 매각하거나 그 운영을 민간에 맡기는 민영화
    (privatization)나 공공부문의 조직에 시장경쟁성의 원칙을 주입하고 이에
    따라 조직을 관리하고 평가하는 신공공관리(new public management)기
    법의 도입은 이러한 신자유주의의 영향력을 잘 보여준다(권인석, 2004).
 8) 이것은 복지국가 시스템의 도입을 통해 자유방임적 산업자본주의가 초래한
    문제들(소득격차, 실업 등)을 사회구조적 문제로 간주하고 이를 일정부분
    수용하고 완화해야 한다는 관점을 말한다.

개인화는 국가나 시민사회와 같은 위험의 사회화에 필요한 중간지
대의 소실로 이어지고 이것은 분배의 차이를 개인의 능력과 재능
에 따른 자연스러운 경쟁의 결과로 간주하는 자유지상주의의 능력
주의 관점을 반영한다. 이런 관점에서 보면 경제적 불평등의 문제
도 시장에서의 경쟁에 따라 나타나는 당연한 현상으로 정부가 개
입해서는 안 되는 것이다.

5. 롤스의 평등주의적 자유주의(Egalitarian liberalism)

롤스(John Rawls)는 사회라는 협력체계를 유지하는 데 필요한 정
의의 원칙을 세우고자 한다. 사회 내부의 구성원은 상호 간 이해관
계의 합치를 통해 협력하기도 하지만 또한 이해관계의 상충이 발
생하여 갈등을 경험하기도 한다. 이때 이해관계의 상충은 일반적
으로 권리나 의무의 분배 방식과 그 원칙에 따른 편익과 비용의
문제와 결부되어 나타난다. 롤스는 사회 구성원 모두가 인정하고
동의할 수 있는 적절한 분배 방식에 대한 원칙을 세우고자 한다.
이것이 그가 정립하고자 하는 "정의의 원칙"이다(롤스, 2003).

정의의 원칙을 도출하기 위해 롤스는 "원초적 상황(original position)"
을 상정한다. 원초적 상황은 신분, 계급, 능력, 체력, 종교, 도덕이
나 세계관 등 개인들 간의 차이를 규정하는 어떠한 조건이나 특성
도 전제되지 않는 순수하고 평등한 가상적 상황이다. 원초적 상황
은 전통적인 사회계약 사상에서의 자연 상태를 상정하는 것으로
개개인의 특정한 조건에 따라 각자에게 유리한 원칙을 구상하지
않고 공정한 합의와 원칙의 도출을 가능하게 한다. 이러한 원초적
상황의 설정을 위해 롤스는 "무지의 장막(veil of ignorance)"이라는
가설적 합의의 공간을 설정하고 이곳에서 자유롭고 합리적인 사람

들이 어떠한 정의의 원칙을 채택할 것인가에 대해 묻는다.

롤스는 이런 가상적 합의 상황에서 두 가지의 상이한 정의의 원칙이 도출될 것이라고 주장한다. 제1원칙은 "평등한 자유[9]"로, 타인의 권리를 침해하지 않은 한 모두가 양심, 사상, 신체의 자유와 평등한 정치적 자유 등과 같은 기본권을 평등하게 보장받아야 한다는 것이다. 제1원칙의 선택은 합리적이고 이성적인 개인이 자신과 결부된 사회·경제적인 위치나 상황에 무지한 상태에서는 결코 공리주의적 가치 판단을 하지 않을 것이라는 사실과 관계가 있다. 왜냐하면 자신이 사회적 최소수혜자나 소수자가 될 가능성을 배재할 수 없기 때문이다. 만약 자신이 소수자로 판명되면 공리주의의 논리에 귀속되어 다수자의 행복을 위해 희생을 감수해야 한다. 이런 이유로 개인은 소수자로서 감당해야 할 위험 부담의 가능성에서 벗어나 모두에게 평등한 자유가 보장되는 그런 원칙을 선택할 것이라는 것이다. 그리고 무엇보다 자유는, 공동체의 구성원으로서 누리는 정치적 자유나 개별적인 개인이 누리는 경제적 자유에 상관없이, 모든 사람에게 뿌리 깊게 내재된 기본적인 열망이라는 것이다(롤스, 2002).

제2의 원칙은 "공정한 기회균등의 원칙(fair equality of opportunity principle)"과 "차등의 원칙(difference principle)"이다. 첫째, 공정한 기회균등의 원칙은 모두에게 공정하게 경쟁할 수 있는 기회가 균등하게 주어져야 한다는 것이다. 하지만 균등한 기회가 주어지더라도 그 기회를 누릴 수 있는 최소한의 사회적이고 경제적 조건(시간, 부, 교육 등)을 갖추고 있지 못하면 그 기회는 쓸모없고 무가치

---

9) 자유에 관해서는 소극적 자유와 적극적 자유의 논쟁이 있으나 롤스는 이러한 논쟁을 정의 원칙과는 상관없는 논외의 문제로 삼는다.

하다(롤스, 1985). 이것은 모두에게 균등하게 경쟁할 수 있는 자유가 주어지지만 그 "자유의 가치(the worth of liberty)"가 모두에게 동등하지 않다는 것이다. 이런 점은 차등의 원칙의 도입을 필요하게 만든다. 둘째, 차등의 원칙은 기본적으로 시장에서의 자유로운 경쟁을 유지하되 경쟁에서 탈락한 약자(the least advantaged)들이 자신에게 주어진 평등한 자유를 누릴 수 있는 최소한의 사회·경제적 조건을 제공하자는 것이다. 이를 위한 구체적인 방안으로 약자에게 사회·경제적 수혜가 우선적으로 주어지는 원칙을 제안한다. 이런 원칙이 도출될 수 있는 이유는 제1원칙의 선택에서와 마찬가지로 무지의 장막에서의 사유실험의 결과 자신이 사회·경제적 약자로 판명날 수도 있다는 당혹스러운 가능성에 기초한다. 이러한 상황에 대한 가능성을 배제할 수 없을 때, 합리적인 개인은 차별과 배제가 일반화된 불평등한 사회를 결코 선택하지 않을 것이라는 것이다. 그 대신 불평등하지만 사회 약자에게 우선적으로 이익이 주어지는 차등의 원칙을 받아들일 것이라는 것이다.

"그런데 차등 원칙을 지지하는 롤스의 주장이 단지 원초적 상황에 놓인 사람들은 위험을 회피할 것이란 추측에만 전적으로 의존하는 것은 아니다(…)그 주장의 핵심은 소득과 기회의 분배는 도덕적 관점에서 볼 때 임의적[우연적] 요소에 기초해서는 안 된다는 것이다"(샌델, 2014: 230). 이런 주장은 경쟁적 능력주의를 시장 경제의 원칙으로 삼는 자유지상주의자들의 관점과 결부시켜 보면 그 의도를 좀 더 명확하게 이해할 수 있다. 자유지상주의자들은 개인의 능력과 재능은 노력의 결과이고 이에 따라 분배의 몫이 결정되는 것이 당연하다고 여긴다. 이런 관점에서 보면 불평등의 문제도 시장에서의 경쟁에 따른 자연스러운 현상으로 정부가 개입해서는 안 되는 것이다. 하지만 모두가 동등하게 경쟁할 기회를 부여받아도 동등하게 경쟁할 수 있는 것은 아니다. 동등하게 주어지는 경쟁의 기회가 동등한 출발선에서의 경쟁을 보증하지 못한다는 것이다. 왜냐하면 경쟁에는 개인의 주체적인 노력이나 선택과는 무관한 "임의적(arbitrary)"이고 "우연적(contingent)"인 요소가 결부되어 있기 때문이다. 선천적 재능, 태어난 가정 배경, 특정 시기나 사회에 높이 평가되는 자질 등은 자신의 노력과는 별개로 주어지는 것들이다. 이처럼 능력과 결부된 임의적 요소는 자유지상주의자들이 주장하는 것처럼 사회·경제적인 성공이 개인의 순수한 노력의 결과가 아닐 수 있음을 반증한다. 이런 이유로 획일화된 평등에 기초한 능력주의를 시장 경제의 유일한 원칙으로 삼지 않는다. 재능 있는 사람이 자신의 능력과 소질을 자유롭게 발휘는 것을 방해하지 않으면서 차등의 원칙을 통해 선천적으로 부여받은 재능으로 인한 불공정한 분배를 시정하고자 한다.

마지막으로 정의의 원칙과 관련하여 염두에 둘 점은 제2원칙인 공정한 기회균등원칙과 차등의 원칙은 제1원칙인 평등한 자유의 원칙보다 우선시 될 수 없다는 것이다. 다시 말하면 평등한 자유는 기회균등이나 최소 수혜자의 이익을 이유로 제한되거나 그 제한을 정당화할 수 없다는 것이다. 평등한 자유의 제한은 다른 사람의 자유를 위태하게 할 심각한 위험이 있을 때만 예외적으로 인정된다.

표 3 자유주의

구분	고전적 자유주의	칸트의 자유주의	새로운 자유주의	신자유주의	롤스의 평등주의적 자유주의
가치 지향	특정 선, 도덕적 가치나 목적에 의존하지 않음	선험적 도덕법	사회적 가치 (소수자나 경제적 약자의 권리)	특정 선, 도덕적 가치나 목적에 의존하지 않음	특정 선, 도덕적 가치나 목적에 의존하지 않는 것이 원칙
개인	소유적 개인 (개인의 물질적 욕망 실현)	이성적이고 도덕적 주제	사회적 개인 (사회 구성원으로서 참여를 통해 자신의 역량을 실현)	경제적 개인 (경제 구성원으로서 경쟁을 통해 자신의 능력을 발휘)	무연고적 자아 (타인과의 관계로 결부되어 있지 않는 독립적이고 자유로운 개인)
자유에 대한 입장	소극적 자유 (국가의 간섭으로부터의 자유)	자율(이성에 따라 스스로 자유롭게 행위)	적극적 자유 (국가가 개인의 역량을 실현할 수 있는 최소한의 조건 마련해주는 역할 수행)	법과 제도를 통해 시장경쟁의 원리를 사회전반의 규칙으로 정착	자유의 보장을 위한 법과 절차 수립(법치주의)
국가의 도덕 문제에 대한 입장	국가의 도덕 문제에 중립	국가가 보편적 도덕원칙 수립	국가의 도덕 문제에 중립을 원칙으로 하나 무조건적 방법이 아닌 개인이 사회구성원으로의 자기실현을 위한 최소조건이 보장되어야 한다는 입장	국가의 도덕 문제에 중립	평등적 자유의 원칙을 위반하지 않은 한에서 차등의 법칙에 따른 최소수혜자에 대한 사회, 경제적 수혜를 우선적으로 제공
국가의 지향	자유방임주의 국가	국민국가	복지국가	자유지상주의 국가	복지국가
국가의 역할	사유재산 보호	사회질서와 안정	개인의 역량 실현	자유경쟁시장 원칙의 전도사	사회 정의의 제1원칙인 평등적 자유를 보장하면서 제2원칙인 차등의 원칙을 통해 분배 정의를 실현

3장

공동체주의의 전개

　자유주의가 개인을 독립적이고 원자적인 개체로 설정하는 것과는 달리 공동체주의는 개인을 공동체의 구성원으로 타인과의 관계를 통해 자신의 정체성을 형성하는 존재로 간주한다. 이때 타인은 자신과 무관한 독립적인 개체가 아닌 나와 결부된 존재로 나의 정체성과 더불어 공동체 구성원으로서의 도덕적 역할과 의무를 자각시켜주는 존재이다(샌델, 2014). 그리고 개인은 타인과 더불어 살아가는 터전인 공동체나 사회를 전제하지 않고서는 자신의 존재적 의미나 가능성을 발현할 수 없다. 이런 관점에서 보면 타인과 더불어 좋은 삶에 대한 숙고를 통해 공동선을 지향하는 삶이 독립적인 개체로서 자신의 권리만을 추구하는 삶보다 자유로운 삶이다. 다시 말하면 진정한 자유는 독립적인 개체로서 누리는 무간섭의 자유가 아닌 공동체 안에서 사회적·도덕적 주체로서 자신의 역할과 의무를 수행하는 과정에서 실현된다는 것이다.

　공동체주의는 1980년대 신자유주의 가치의 사회적 확산에 저항하는 대항담론으로 등장하였다. 이와 관련하여 포콕(John Pocock)

을 위시한 역사가들의 그리스 아테네의 공화주의 연구는 공동체주의 연구의 이론적 기반을 제공했다(조승래, 2014). 공화주의는 공동체주의를 정치적으로 제도화한 사상으로 공화국을 지향한다. 공화국은 공동체 구성원인 시민이 자신이 동의한 법체계에 따라 공공의 사안을 논의하고 심의의 과정을 통해 공동의 결정을 내리는 정치공동체를 구성단위로 하는 국가이다. 이런 식의 공화국에 대한 규정은 인간을 "정치적 동물(zoon politikon)"로 간주하는 아리스토텔레스의 인간관에 기초한 것으로, 인간이 정치적 참여를 통해 시민이 될 때 자기를 실현할 수 있다는 기본적인 입장을 전제한다.

공화주의는 "시민의 덕성"과 "정치적 참여"에 대한 기본적인 입장에 따라 "강한(strong) 공화주의와 "약한(weak) 공화주의"로 구분된다(정태창, 2013). 강한 공화주의는 시민의 덕성과 정치적 참여를 공화주의의 핵심적인 가치로 여긴다. 이런 정치적 입장은 고대 아테네의 아리스토텔레스의 사상적 전통을 이어 받은 "시민적 공화주의"의 관점으로, 공동체의 구성원인 시민의 정치적 참여를 통한 시민적 덕성의 발휘와 공공선의 실현을 중요한 정치적 가치로 내세운다. 이에 반해, 약한 공화주의는 시민의 덕성과 정치적 참여를 자유를 추구하기 위한 수단으로 여긴다. 이런 관점은 키케로, 리비우스에서 마키아벨리로 이어지는 로마 공화정에 대한 역사적 탐구에 기초한 신로마(neo-Roman) 공화주의 전통에 사상적 기반을 둔 것으로, "비지배의 자유"(non-dominant freedom)를 핵심가치로 삼는 자유주의적 공화주의의 입장을 대변한다(Ibid.).

1. 시민적 공화주의

시민적 공화주의(civic republicanism)는 전체인 사회(공동체)가 개

인에 우선한다는 것을 전제한다. 이것은 개인이 사회에 우선한다
는 자유주의와는 상반된 주장으로, 자유주의자들이 주장하는 것처
럼 독립적이고 원자적인 개인은 실제로는 존재하지도 존재할 수도
없다는 것이다(곽준혁, 2005). 왜냐하면 타인을 전제하지 않고는 개
인이라는 정체성이 형성될 수 없기 때문이다. 이러한 관점은 인간
이 본성상 사회·정치적 동물로서 타인과의 상호교류나 연대를 형
성하지 않고는 살 수 없는 존재라는 것을 말해준다. 인간은 자신만
의 사적 영역에서 벗어나 공적 영역인 폴리스에 참여하고 언술과
행위를 통해 공개적으로 자신의 정치적 의견을 타인에게 표출하고
공유하고자 하는 욕구를 가진 존재라는 것이다. 더 나아가 인간이
폴리스적 주체로서의 시민(공민)의 역할에 충실할 때 인간은 비로
소 자신의 인간다움을 실현할 수 있고 진정한 자유를 획득할 수
있다는 것이다(아렌트, 2002). 이러한 주장은 정치적 참여도 개인의
이익을 위한 수단으로 보는 자유주의의 입장과는 상당한 거리가
있다.

　이런 시민적 공화주의의 관점은 아리스토텔레스의 "정치적 동물"
테제를 확대 적용한 것으로, 그의 저서인 「니코마코스 윤리학」
(2015)에 잘 나타나 있다. 그에 따르면 인간을 포함한 모든 만물은
자신의 고유한 존재 목적(telos)을 가지고 있으며 그 목적에 합당한
탁월성(arete, ἀρετή)을 발휘할 때 비로소 최선의 선인 행복10)에 이

---

10) 행복은 "잘 사는 것(eudaimonia)"과 "잘 행위하는 것(euprattein)"으로,
　　어떤 활동을 통해 수반되는 주관적인 감정이라기보다 그 감정의 원인이 되
　　는 "활동 그 자체"이다(조대호, 2015). 다시 말하면 행복은 행복감이라기보
　　다 행복감을 유발시키는 영혼의 활동과 관련된 것으로, 이 활동을 아리스토
　　텔레스는 탁월성(아레테, ἀρετή)이라고 한다.

른다고 한다. 이때 탁월성은 자유방임주의자들이 주장하는 다른 사람과의 경쟁에서 이길 수 있는 능력이나 실력을 의미하는 것이 결코 아니다. 그것은 인간이 본성에 합당한 정치적인 삶(bios politikos)을 살 때 배양될 수 있는 것으로 행복감을 유발시키는 영혼의 활동과 관련된다. 이때 영혼의 활동은 인간 고유의 능력인 "이성(logos)"과 이성의 영향 하에서 작동하는 "욕망(orexis)"을 포함한다. 이성적 영향권에 있는 욕망은 본성적인 동물적 욕망과는 구별되는 것으로 이성의 명령에 순종하거나 저항할 수 있는 욕망이다. 따라서 인간이 행복하게 살기 위해서는 이성과 욕망의 기능을 잘 실현시키는 것이 중요한데 이는 "사유의 탁월성(dianoētikē aretē)"과 "성격의 탁월성(ēthikē aretē)"의 발휘를 통해 가능하다(조대호, 2015). 특히 정치적 동물인 인간에게 중요한 성격의 탁월성은 좋은 습관을 통해 획득될 수 있다. 성격의 탁월성이 필요한 영역은 감정(용기, 절제 등), 외적으로 좋은 것(재물, 명예 등), 그리고 사회적 삶(진실, 재치, 친애 등)으로, '중용'을 지향한다. 중용은 두 극단 사이의 중간이 아니고 행위 주체의 주관적 조건이나 상황에 따른 적절함이나 최선을 의미한다. 그것은 "마땅히 그래야 할 때, 또 마땅히 그래야 할 일에 대해, 마땅히 그래야 할 사람에 대해, 마땅히 그래할 목적에 대해, 마땅히 그래야 할 방식으로 감정을 갖는 것"을 말한다(아레스토텔레스, 2015: 2권6장). 이러한 아리스토텔레스의 논의는 "시민정치"의 이념형을 제시한 것으로, "탁월성(덕성)을 지닌 시민에 의한 정치"를 통해 공공선이라는 선험적 목적을 실현하고자 한다(장준호, 2011).

그리고 아리스토텔레스는 탁월성을 분배되는 대상과 분배받는 사람의 관계성을 통해 설명한다. 어떤 탁월성에 영예와 포상을 부여할 것인지에 대한 결정은 분배받는 사람이 분배되는 대상의 고유한 본성이나 존재 목적을 어느 정도 잘 실현했느냐에 따라 그 정도가 결정된다는 것이다. 예를 들어, 피아노의 존재 목적은 아름다운 음악의 선율을 만드는 것이고 그 존재 목적을 가장 잘 실현시켜 줄 수 있는 피아니스트에게 그 피아노가 우선적으로 주어지는 것이 합당하다는 것이다(샌델, 2014). 이것은 공동체 내에서의 분배정의의 실현이 공평한 배분을 통해 이루어지는 것이 아니고 개개인 각자에 주어진 기능이나 탁월성에 따른 차별적 분배를 통해서 이루어져야 한다는 것을 말한다.

아리스토텔레스의 시민적 공화주의 전통은 현대에 이르러 아렌트(Hannah Arendt)를 거쳐 포칵(John Pocock), 맥킨타이어(Alasdair MacIntyre), 테일러(Charles Talyor), 왈저(Michael Walzer), 샌델(Michael Sandel)로 계승된다. 다만 현대의 시민적 공화주의자들은 아리스토텔레스를 중심으로 한 입장과는 약간의 차이가 있다. 시민적 공화주의 전통을 고수하는 학자들은 인종적 혈통, 계급, 문화적 정체성, 시민권 등을 중심으로 형성된 특정 공동체의 습속, 전통, 믿음 체계만을 최고선으로 인정한다. 이에 반해, 현대의 시민적 공화주의자들[11]은 특정한 정체성, 가치, 전통에서 벗어나 보편적 가치를 수용하는 세계 시민적 태도가 필요하다는 것을 강조한다. 그들은 "공동체의 중심성을 인정하더라도 보편적 가치 혹은 전 세계적으로 공유할 수 있는 가치가 존재할 수 있다고 믿는다"(샌델, 2014: 422).

---

11) 자유주의적 공화주의자들은 이들을 자신들과 구별하여 "자유주의적 공동체주의"라고 명명한다.

2. 자유주의적 공화주의

자유주의적 공화주의(liberal republicanism)는 공동체의 연대와 공공선의 가치를 강조하는 시민적 공화주의의 정치적 관점이 개인의 자유를 침해할 수 있고 또한 현대사회의 다원주의적 가치에도 적합하지 않다는 문제의식에서 출발한다(곽준혁, 2005). 이에 따라 시민적 공화주의를 대체할 수 있는 대안적 모델을 로마 공화국의 공화주의 전통에서 발견한다. 페팃(Philip Pettit)을 중심으로 한 공화주의 학자들은 키케로와 마키아벨리로 대변되는 로마 공화정의 공화주의에 관한 연구를 토대로 공화주의의 새로운 정치적 입장을 제시한다. 그들은 공화국의 원래의 목적은 시민적 공화주의에서 강조하는 시민의 덕성과 정치적 참여가 아닌 개인의 자유라고 주장한다. 시민적 공화주의가 핵심가치로 삼는 정치적 참여는 목적이 아닌 개인의 자유 실현을 위한 수단이라는 것이다. 시민의 정치적 참여는 입법행위에 영향력을 행사하거나 간섭하는 수단으로 이를 통해 정치적 평등과 자유를 보장할 수 있는 법과 제도를 가능하게 한다는 것이다.

자유주의적 공화주의가 표방하는 자유는 국가의 간섭으로부터의 자유를 핵심가치로 삼는 고전적 자유주의의 소극적 자유(negative freedom)나 시민의 정치적 참여와 자기실현을 목표로 삼는 시민적 공화주의의 적극적 자유(positive freedom)와는 다르다. 그리고 정치적 참여를 통해 자신이 동의한 법에 지배를 받을 때 비로소 자유롭다는 루소(Jean-Jacques Rousseau)식의 자유와도 차별된다(조승래, 2014). 자유주의적 공화주의가 핵심가치로 삼는 자유는 타인의 자의적 의지로부터 벗어나 있는 상태인 "비지배의 자유"(non-dominant freedom)를 말한다(Pettit, 1998). 지배를 받은 상태는 권력행사의 영향력 아래에 놓여 있는 상태로 타인의 자의적 의지에 예속된다. 노예와 주인의 권력관계에서 보듯 주인의 온정이나 자비에 의해 일시적으로 간섭이나 강압적인 대우를 받지 않는다고 해서 자의적인 권력으로부터 자유로운 것은 아니다. 주인은 언제나 마음을 먹으면 자의적으로 간섭할 수 있다. 이것은 실재적인 간섭이 부재한 경우에도 자유의 박탈이 발생할 수 있다는 것을 의미한다. 이와 관련된 구체적인 현실의 사례로는 "시민들이 법을 두려워하지 않는 독재자나 과두지배계급에 의해 핍박받는 경우, 여성이 남편에 의해 학대당하면서도 법의 보호를 받지 못하는 경우, 근로자들이 고용주의 횡포에 놓여지게 되는 경우, 퇴직자의 연금 수령이 담당 공무원의 변덕에 달려있는 경우" 등을 들 수 있다(정태창, 2013: 133).

그렇다면 자유주의적 공화주의가 지향하는 비지배의 자유는 어떻게 보장되는가? 그것은 시민의 정치적 참여를 통해 형성된 법이나 제도를 통해 보장되고 유지된다. 비지배의 자유는 공동체 구성원으로서 평등하고 자유로운 지위를 당연하고 합법적인 권리로 인정받는 것을 말한다. 이러한 정치적 입장은 민주적 입법을 통한 정당한 간섭마저도 배격하는 고전적 자유주의의 자유와는 차이가 있다. 비지배의 자유는 법의 지배를 지배의 부재로서의 자유를 가능하게 한다. 법의 지배는 타인의 자의적인 권력의 영향력으로부터 시민 개개인의 정치적 자유를 지켜줄 수 있는 제도적 장치로서의 역할을 한다(Pettit, 1997, 2002).

이처럼 비지배의 자유를 궁극적인 공화주의의 목적으로 내세우는 자유주의적 공화주의의 입장은 공동체의 본질적인 목적으로 공공선을 선험적으로 전제하고 공동체가 공동체의 구성원인 개인보다 우선시되는 것을 자연스러운 현상으로 간주하는 시민적 공화주의의 문제점을 해결하고자 시도로 볼 수 있다. 이와 같은 정치적

▌표 4 자유주의와 공화주의

	자유주의	시민적 공화주의 (공동체주의)	자유주의적 공화주의
전등	개인의 자유와 자율성	시민의 덕성과 정치참여	개인의 자율성과 공공선의 조화
		아리스토텔레스의 정치적 동물	마키아벨리와 키케로의 신로마주의
초점	독립적, 원자적 개인	전체(공동체)를 개인에 우선	비사회적, 이기적 개인의 자유에 초점
	안전	공동체 연대	비지배의 자유(페릿)
	국가의 권력통제와 자의적 간섭으로 개인의 자유보호(법치주의)		자율적 정치 참여
공동선	인정하지 않음	미리 전제되고 객관적 인식 가능	생활세계 속에서 구성된 공유된 선(shared good)
	개인의 의사가 우선 (주관주의, 도덕적 상대주의)		
정치 참여	선택 행위	인간으로서 자연스러운 현상	개인의 자유 실현과 자율성 확보의 수단이자 공적 심의를 통한 합의의 조건
	개인의 이익을 위한 수단	자기실현성	개인의 이기심의 발현을 위한 수단
자유	간섭(intervention)의 부재	정치적 참여를 통한 자아실현의 적극적 자유 (positive freedom)	비지배의 자유(non-dominant freedom)
학자	홉스, 토크, 밀, 하이에크	포칵, 아렌트, 맥킨타이어, 바버, 테일러, 샌델, 왈저	선스타인, 액커만, 페릿

자료: 곽준혁(2005)에서 내용을 발췌하여 정리하였다.

입장은 추후 미국의 독립 혁명기 연방주의자들의 자유적 공화주의
(liberal republicanism)로 이어지고(Sunstein, 1988; Ackerman, 1991),
오늘날에는 페팃(Philip Pettit)을 위시한 스키너(Quentin Skinner)[12]
나 비롤리(Maurizio Viroli) 등에 의해 본격적으로 계승되어 연구되
었다.[13]

---

12) 스키너의 공화주의에서 자유는 비지배의 자유뿐만 아니라 간섭의 부재까지
    포함한다.
13) 이와 관련된 학자들의 구체적인 논의에 관해서는 다음을 참조하라.
    Ackerman, Bruce(1991). We the people, volume 1: Foundations.
    Cambridge University Press; Pettit, Philip(1997). Republicanism: A
    theory of freedom and government. New York: Oxford University
    Press; Sunstein, Cass(1988). Beyond the republican revival. The Yale
    Law Journal, 97(8): 1539-1590; Viroli, Maurizio(2002). Republicanism.
    New York: Hill and Wang.

3부

공공성에 관한 주요 담론

앞서 살펴본 바와 같이 공공성 사상은 인간이란 어떤 존재이며 어떤 삶이 좋은 삶인지에 대한 철학적 논의와 결부되어 있다. 이와 관련하여 자유주의와 공화주의는 상반된 관점과 입장을 취한다. 자유주의는 기본적으로 사적 영역에서의 개인의 자유와 권리의 보호가 중요하다고 보는데, 이는 사적 영역에서 개인의 정체성과 자기실현이 이루어진다고 간주하기 때문이다. 따라서 공적 영역은 사적 영역의 권리보호를 보조하기 위한 부수적 역할만을 감당하며 어떠한 경우에도 개인의 권리는 국가의 권력에 의해 침해될 수 없다고 주장한다. 이에 반해 공화주의는 사적 영역보다 공적 영역에 방점을 둔다. 이것은 인간이 언어를 매개로 타인과의 소통이 이루어지는 공적 영역을 통해 자신의 존재적 잠재력을 실현할 수 있다고 보기 때문이다. 이런 맥락에서 개인은 자신의 사적 이익보다 공적 이익인 공공선에 헌신할 것을 요구받는다.

이와 같은 자유주의와 공화주의의 관점 차는 공공성이 단일하고 고정된 개념을 통해 정립될 수 있는 성격이 아님을 시사한다. 공공성은 사회의 시대적 조건과 장소에 따라 그 지향성과 가치가 변화하는 동태적인 성격을 갖는다. 이러한 관점에서 보면 공공성[1]에 대한 담론은 '공공성은 무엇인가?'라는 정태적이고 일반적인 개념 설정의 문제보다 '공공성은 어떠한 지향성과 가치를 가져야만 하는가?'라는 질문에 초점을 두는 것이 더 필요해 보인다.

따라서 3부 1장에서는 국가를 중심으로 한 공사 이분법적 질서의 현대적 공공성에 대해 고찰하고 그것의 한계점을 살펴보고자

---

1) 이와 관련된 공공성에 대한 최근 논의로는 윤수재·이민호·채종헌(2008), 조한상(2009), 김희강(2010), 임의영(2010), 이주하(2010), 최태현(2019), 은재호(2008)를 참조.

한다. 그리고 이에 대한 실질적 대안으로서 민주적 공공성을 모색하고자 한다. 이와 관련하여 민주적 공공성이 지향하는 가치와 목적에 관한 규범적 모델을 제시한다. 민주적 공공성은 고정된 공사 이분법적 경계를 벗어나 시민사회의 구성원이면 누구나—정치적 자원이나 사회경제적 지위나 위치에 관계없이—자신의 정치적 의견이나 입장을 개진하고 이를 통해 정치적 영향력을 행사할 수 있는 사회를 구상한다. 한 가지 주의할 점은 민주적 공공성이 기존의 공사영역의 구분을 폐기하는 것에 목적이 있는 것이 아니라는 것이다. 이보다 공사영역의 경계를 넘어선 제3의 영역으로서 공공(公共)의 공간인 시민사회 공론장을 활성화시키는 데 그 초점을 둔다.

1장

현대적 공공성

1. 공사 이분법적 질서

현대적 공공성은 국가를 중심으로 한 공적영역과 그 외 영역을 사적영역으로 취급하는 정태적이고 고정된 공사 이분법적 경계를 갖는다. 공사 이분법적 사고는 서구 현대기획의 공통된 특징으로 중심적 가치와 주변적 가치의 대립관계를 통해 개념화된 현대적 자유주의의 산물이다. 다시 말하면, "이성, 국가(국민), 자본, 남성, 공공성이라는 중심적 가치와 그 반대편에는 감성, 로컬(비국민), 노동, 여성, 친밀성이라는 주변적 가치"로 구조화된다(이상봉, 2016: 68). 국가로 대변되는 공적영역은 법과 제도를 통해 개인의 사적 권리와 자본주의적 질서를 보호하는 역할을 수행하는 공간으로, 이에 반하는 사적영역은 개인의 사적 활동이나 친밀성 영역과 결부된 공간으로 경계가 설정된다.

이런 공사 이분법적 질서는 이성을 기반으로 한 보편적 규범을 사회형성의 원리로 수립하고자 하는 칸트적 현대성 기획의 연장선 상에 있다고 할 수 있다(1부 2장 참조). 이는 공공성 실현의 주체인

국가를 중심으로 표준화된 사회규범과 가치질서를 세우고 이를 토
대로 안정된 사회질서를 구축하고자 하는 의도이다. 이런 보편적
사회질서는 법적 규제라는 기반을 통해서만이 아니라 보편적 지식
체계의 구축을 통해서도 이루어진다. 지식권력을 통해 일원화된
가치와 규범을 정당화하고 절대화하여 사회구성원의 삶의 양식을
표준화하고 획일화한다. 이런 통치방식은 현존 방식을 이원적 양
식(이성적인 것과 비이성적인 것, 정상적인 것과 비정상적인 것)으로 분
류하고 보편성에서 벗어난 행동과 사고를 비이성적이고 비정상적
인 것으로 타자화하여 배제하고 억압한다(푸코, 2016, 2011).

2. 공사 이분법적 질서의 한계

현대적 공공성이 기반으로 삼고 있는 공사 이분법은 다음과 같
은 한계를 가진다. 첫째, 이러한 이분법적 질서는 추상적인 시공간
을 배경으로 한 정태적 모델로 사회 내부에 존재하는 다양하고 개
별적인 영역들 내부에서 존재하는 공공성의 특성이나 성격에 대한
이해를 어렵게 만든다. 이러한 구조는 무엇보다도 공사 영역경계
의 설정이 사회의 지배적인 영향력을 형성하는 상층 권력자나 소
수 지식인들의 담론에 의해 결정되고 나머지 사회 구성원은 그 결
정에 따르는 닫힌 사회관계로 고착될 위험이 있다.

둘째, 공사 이분법적 접근은 공사영역의 경계가 무한히 횡단 가
능한 유연한 성격을 가지고 있다는 사실을 간과한다. 공사경계는
시공간 맥락 속에서 지속적으로 그 경계의 재설정이 이루어져 왔
다. 역사적으로 볼 때 중세의 종교나 신앙은 사적인 선택의 문제가
아니라 공적인 문제로 여겨졌다. 종교나 신앙과 결부된 가치는 모
든 공동체 구성원이 지키고 따라야하는 당위적인 윤리 규범의 성

격을 갖는 공적인 문제였다. 하지만 봉건적 신분질서의 붕괴와 종교적 절대 권위의 약화를 계기로 시작된 현대적 질서는 종교나 신앙을 개인의 자율적인 선택이 이루어지는 사적 영역의 문제로 만들었다(사이토, 2000). 이와 마찬가지로 전통적으로 육아나 가사노동은 현대 가족제도의 위계적 역할분담 관계에서 여성이 전담하는 사적 영역의 문제였다. 하지만 자본시장의 발달로 인한 여성의 노동시장 진출이 본격화됨에 따라 육아나 가사노동의 영역은 더 이상 사적 영역에만 머물러 있을 수 없게 되었다. 육아나 가사노동은 여성의 권리증대, 출산율 감소 등의 문제와 맞물려 보육, 자녀교육 등의 돌봄 영역과 함께 공적 영역에 편입되고 있는 추세이다(문성훈, 2014).

2장

민주적 공공성

1. 공사 경계의 횡단 가능성

민주적 공공성은 현대적 공공성에 대한 대안으로 제시된다. 그것은 사회의 다양한 영역(sphere)들 내부에 형성된 사회적 가치들에 대한 이해를 바탕으로 그 영역들에 존재하는 새로운 사회공간으로서의 가능성을 탐색하려는 시도이다(김상봉, 2016). 사회의 개별 영역들은 각각의 사회적 가치들과 그것들에 대해 공유된 이해를 갖고 있으며, 이 가치들은 개별 영역에 속한 내적 기준과 관심을 토대로 형성된다. 이런 공유된 사회적 가치들은 정태적이고 몰역사적인 것이 아니라 개별 영역들에 배태된 사회적 관계의 과정 속에서 형성된 "역사적 형성물"이다(Walzer, 1983). 예를 들어, 가족, 학교, 국가 등의 개별적 영역들은 그 내부에서 형성되어 공유되는 사회적 가치나 합의가 존재하며, 이런 가치나 합의는 시간의 흐름 속에서 자체적인 변용을 경험한다.

이처럼 민주적 공공성은 사회의 개별적인 사적 영역이 공사 이분법적 질서에서 벗어나 잠재적 공적 공간으로서의 정치적 가능성이 열려있다는 사실을 확인시켜준다. 이것은 공적 영역의 주체가 정부뿐만 아니라 다양한 사적 영역의 구성원이나 단체로 그 범위를 확장해 가고 있는 현실을 반영한다. 이런 질서 하에서 국가를 공적영역의 유일하고 중심적인 주체로 보고 그 외는 주변부 세력으로 간주하는 이분법적 사고는 더 이상 유효하지 않다. 시민사회의 구성원이나 소수자 집단이 대항담론의 주체로서 정부의 역할과 그 정당성을 문제삼고 그것의 시정을 요구하는 것은 민주시민으로서의 당연한 권리로 여겨진다. 이러한 상황은 민주적 공공성이 공사 이분법적 질서에서 벗어나 사적영역과 공적영역의 "횡단 가능성"을 토대로 이루진다는 것을 말해준다.[2]

2. 公과 共의 상호작용

민주적 공공성은 公과 共이 상호작용을 이루는 "공공(公共)"의 담론공간으로 公에 내재한 권력적 속성에서 벗어나는 것과 동시에 私에서 발견되는 "공통적인 共"을 수용하여 公과 私의 중간영역(公－公共－私)으로서의 성격을 갖는다(이상봉, 2011: 34). 공공의 주체인 시민은 사적 주체와 공적 주체의 이중적인 지위를 갖는데, 이것은 시민이 국가의 간섭 없이 자신의 사적인 이익과 결부된 문제를 토론과 사유를 통해 공적인 문제로 전환할 수 있다는 것을 의미한

---

2) 이와 관련하여 정부의 수직적이고 위계적인 관료행정의 "거버먼트(government)"에서 벗어나 정부와 시민의 수평적이고 협력적인 네트워크의 수립을 통해 까다로운(Wicked) 사회 문제의 해결을 시도하는 "거버넌스"의 등장은 민주적 공공성의 성격을 잘 반영한다. 이런 거버넌스적 접근은 1970년대 말 복지국가의 재정 위기와 1990년대 이후의 정보화·세계화·지방화를 계기로 본격화되어 나타난다(배응환, 2003; 이명석, 2002; 하상우, 2014).

다. 이에 반해 현대 국가의 공사 이분법적 질서 하에서는 公이 共과 분리되어 존재한다. 公이 共과 분리되어 公자체로 존재하면 公의 권력적 측면이 부각되기 쉽고 사적영역의 공동적인 共의 잠재력이 간과된다. 이것은 公과 私를 이분법적 질서에 따라 나누고, 公을 私적 영역을 보호하고 사적영역(시장)의 실패에 대한 해결자로 公을 한정하여 해석한 결과이다. 이처럼 공공의 담론 공간은 公과 共의 상호작용을 통해 어느 한쪽이 절대화되지 않고 조화를 이룰 때 민주적 공공성이 열린다. 公과 결부된 공권력이 절대화될 때 공공성은 전체주의로 변모되기 쉽고, 共의 공통성이 과도하게 부각될 때 공공성은 전체의 이익에 가려 개별적 이익이 사상되기 쉽다. 이런 측면에서 민주적 공공성은 公과 共 사이의 상호작용의 긴장관계 속에서 성립되는 것이라 할 수 있다.

　민주적 공공성에 대한 실질적인 이해를 위해 우선 公과 共의 개별적 성격을 살펴보면 다음과 같다. 첫째, 公[3]은 누구에게나 열려 있는 "공개성"(openness, publicity)을 특징으로 한다. 아렌트(2002)에게 공개성은 말이나 행위를 통해 자신의 정치적 가치와 이상을 타자에게 현상할 수 있는 자유와 관련된다. 그리고 자신의 언술 행위가 외부의 간섭이나 억압을 받지 않고 타자에게 보여지고 들려질 수 있는 공적 공간(public space, 공론장)을 전제로 한다. 이런 시각에서 보면 사적 공간은 자신의 언술 행위가 타자에게 현시되거나 경험되는 것을 박탈당한 공간이다. 이처럼 자기 자신의 발언이

---

3) 公의 public은 라틴어 publicus에 해당하는 말로 pube(성숙함)의 영향을 받아 populus가 변한 말이다. 그것은 "성숙한 시민"이란 뜻으로 "법에 대해 동의하고 공동의 이익을 인정하고 동의한 사람들의 모임"이라는 뜻을 가진다(김경희, 2012: 40).

누군가에게 공개적으로 현시되는 경험이 중요한 까닭은 공개성이 자신이 '누구'인지를 자각하게 하는 정체성에 영향을 미치기 때문이다. 그리고 공개성을 통해 형성된 자기 정체성은 자신이 타인과 다르다는 '차이의식'의 형성과 더불어 자신의 의견을 형성하고 표출하는 '사고 능력'을 가능하게 한다(아렌트, 2002).

이러한 公의 공개성은 국가 기관의 공적(official)인 활동의 대한 견제와 균형의 역할을 수행한다는 점에서 중요하다. 公의 공개성을 통해 형성된 여론이나 정치적 담론은 조직적인 결사체나 시민들의 정치 참여를 통해 국가의 공권력 사용의 정당성과 합법성을 문제 삼는 "비판담론"의 역할을 한다는 것이다. 비판담론은 공권력이 사적영역에 무분별하게 침범하는 것을 저지하거나 공적영역으로부터 배제된 사적영역의 문제를 공적영역에 편입시킬 것을 요구하는 방식으로 사용될 수 있다. 이에 반해 公은 전통적으로 법이나 제도를 통해 수행하는 국가의 공적 활동으로서, 사회구성원 전체의 이익과 결부된 공동의 문제를 다루는 일과 관련지어 논의되어 왔다. 구체적으로는 국가가 공공인프라, 공중 보건, 복지, 공교육 등과 관련된 제도나 정책을 수립하고 집행하는 일련의 활동을 가리킨다. 이런 전통적 국가의 활동은 법에 의해 부여된 공권력을 사용하여 개인이나 집단의 행동을 규제하고 사회적 협력을 도모하는 것을 목적으로 한다. 한국의 경우 과거 公을 관이 주도하는 활동으로 이해하는 인식이 지배적이었으나 1990년 지방자치제 도입을 계기로 지역주민이나 시민들의 정치 참여가 활성화는 것으로 점차 변모해 왔다(정성훈, 2013).

共[4]의 개별적 특성으로서는, 첫째, "공통성(common sense)"으로

---

4) 共의 common은 "라틴어 communis에서 온 말로 자치공동체를 의미하는

이것은 사람들 사이에 존재하는 세계에 대한 관심으로 행위의 내용인 공통의 문제나 관심사(공공의 질서나 규범, 공익 등)를 의미한다. 하지만 공통성은 물질적 욕구충족과 화폐의 논리를 유일한 기초로 삼는 자본주의적 기준과는 다르다. 공통세계가 모두가 공유하는 공간의 집합장소이지만 이곳을 구성하는 사람들의 관점은 같지 않다(아렌트, 2002: 111). 다시 말하면, 공통세계는 다양한 시각과 관점이 존재하는 공간으로, 화폐와 같은 단일 척도에 의해 획일화될 수 없다. 따라서 공통세계에서는 모든 관점을 대체할 수 있는 절대적인 진리는 배제되고 나에게 보이는 대로 말할 수 있는 복수적인 의견(doxa)이 존재한다.

이런 측면에서 보면 공통세계는 사람들 사이(in-between)에 존재하는 복수적인 관점과 행위5)가 창출되는 "복수성(plurality)"의 공간이다. 이것이 共의 두 번째 속성에 해당한다. 아렌트(2002)는 복수의 행위가 창출되는 공간을 "현상의 공간(space of appearance)"이라 하고, 이를 "표상의 공간(the space of representation)"과 대비시켜 설명한다. 현상의 공간은 타자의 현존을 전제하는 공간으로, 여기서는 공약 불가능한 복수의 사람들이 의사소통의 행위를 통해 자신의 고유한 정체성을 누군가에게 능동적으로 현시할 수 있다. 반면, 표상의 공간은 타자의 현존을 필요로 하지 않는다. 이 공간은 타인과 공약 가능한 단수의 사람들이 정치적 삶을 포기하고 노동

---

commune과 같은 어원을 가지고" 있는 말로 "함께 하다"의 뜻을 갖는다. "公이 통합된 전체의 의미가 강조되어 위에서 조절하는 상위의 의미가 강하다면, 共은 구성원 각각의 개별성 및 그들이 함께 나누는 공동성이 강조되는 개념"이다(김경희, 2012: 44).

5) 아렌트(2002)에게 행위는 의사소통을 통해 의미를 산출하는 행동으로, 자극－반응의 도식에 따른 생물학적이고 본능적인 행동과는 질적으로 다르다.

과 자본에 종속되어 물질적 욕구 충족의 동물적 삶(zoon politikon)
을 영위하는 공간이다. 표상의 공간에서는 사람들이 고유하고 독
자적인 정체성을 가진 개별자로 파악되기보다 사회적 지위나 위
치에 의해 분류된 보편자(남성, 노동자, 중년, 노인, 동성애자 등)로 파
악된다. 또한 표상의 공간에서 사람들은 "누구"로 존재하지 않고
"무엇"으로 존재한다(아렌트, 2002). 복수성이 상실된 표상의 공간
은 자본주의 생산체제에서 개인의 개별성이 무화되고 노동이 이윤
극대화의 획일적인 논리에 따라 상품화되어 평가되는 현실을 반영
한다.

3. 公과 共의 상호의존성

公과 共은 "상호의존성"을 갖는다. 公을 기반으로 共이 성립되며
마찬가지로 共 없이는 公이 존재할 수 없다. 다시 말하면 公(共)은
共(公)의 가능조건이라 할 수 있다. 첫째, 共의 복수성은 公의 공개
성을 기반으로 성립한다. 복수의 사람들 사이에 존재하는 복수의
관점과 논의는 외부의 간섭을 받지 않고 자유롭게 자신의 가치와
세계를 타자에게 현시할 수 있는 공개성이 보장된 공간을 전제할
때 비로소 그 의미를 획득한다. 자신의 세계를 타자에게 현시할 수
있는 공공의 공간이 확보되지 않고서는 복수의 사람들의 행위가
현상될 수 없기 때문이다. 둘째, 公의 공개성은 共의 공통성의 형
성에 기반이 된다. 공개성을 통해 이루어지는 자유로운 언술행위
는 개인의 정체감과 사고능력뿐만 아니라 타인과 함께 존재하는
세계에 대한 공통된 이해나 관심을 증진시킨다. 이와 반대로 생활
세계를 공유하는 타인과의 자율적인 언술행위의 부재는 사고의 결
여(thoughtlessness)와 허구적 현실을 기반으로 한 전체주의에 동조

하는 결과를 낳을 수 있다(아렌트, 2006b). 그리고 共의 공통성을 기반으로 하지 않은 公의 자율적인 의사소통은 가능하지 않다. 이것은 생활세계를 기반으로 형성된 공통적인 문제나 관심 없이는 자율적인 의사교환이 이루어질 수 없기 때문이다.

3장

민주적 공공성: 주요 담론

　본 장은 민주적 공공성을 하버마스(Jürgen Habermas), 기든스(Anthony Giddens), 호네트(Axel Honneth), 프레이저(Nancy Fraser)의 담론을 통해 구체적으로 논의한다. 하버마스는 시민사회(생활세계) 공론장의 복원을 통해 의사소통권력(communicative power)의 민주적 잠재성을 회복하고 이를 통해 자본주의와 국가행정 체계의 무분별한 영향력을 저지하고자 한다. 여기서 시민사회의 공론장은 체제의 질서와 권력에 저항할 수 있는 중간지대로서 대항담론의 생산이 가능한 공공 영역의 역할이 부여된다. 이와 관련하여 일부 철학자들(Fraser, 1992; Young, 1996)은 하버마스가 주장하는 시민사회의 공적담론의 역할이 부르주아 중심의 단일적인 것으로 담론자원(이해가능성, 정보 수집·분석, 소통능력, 어휘)을 소유한 부르주아지 계급의 지배담론을 강화시키는 역할을 한다고 비판한다. 그리고 공론장은 시민사회에 한정된 것이 아니라 지배적인 공공성 담론에서 배제되었던 하층집단이나 소수자들이 자율적으로 참여할 수 있는 다원적 공간이어야 한다는 점을 강조한다.

이와 관련하여 기든스는 자본주의와 공권력의 제도적 영향력에서 벗어나 민주적 의사소통의 잠재성을 실현할 수 있는 공간으로 친밀성 영역(intimate sphere)에 주목하고, 이 영역을 성찰과 자율적 토론이 이루어 질 수 있는 "생활정치의 장"으로 인식한다. 이것은 하버마스가 시민사회를 민주적 잠재성의 공간으로 설정한 것과는 차이가 있다. 기든스가 친밀성 영역을 민주적 공간으로 설정한 이유는 친밀성 영역의 내부에서 이루어지는 친밀하고 성찰적인 관계 가운데 이루어지는 자유로운 토론과 관련이 있다. 이와 관련하여 기든스는 생활세계의 "친밀성" 영역에서 나타나는 관계구조의 변용에 주목한다. 그것은 친밀성 영역이 현대 가족의 가부장적 위계질서에 노출된 고정되고 "억압적 공간"에서 벗어나 관계 자체의 의미나 가치에 대해 성찰하고 언제든지 새로운 관계를 형성할 수 있는 유동적이고 "성찰적 공간"으로의 구조적 변화를 경험했다는 사실과 관련이 있다. 성찰적 친밀성의 공간이 친밀한 관계를 바탕으로 실존적 삶과 결부된 문제를 비판적 관점에서 자유롭게 토론할 수 있는 실질적인 장을 마련해 주는데 이는 실천적 민주주의의 실현에 중요한 토대가 된다는 것이다. 기든스의 이러한 시각은 하버마스적 시민사회를 넘어 다양한 친밀성 영역(지역 자치회, 육아 공동체 등)으로까지 민주적 의사소통 잠재력[6]을 확장시켰다는 데 의미가 있다.

호네트는 생활세계 내부의 권력관계에 기인한 소수자에 대한 차별의 문제와 그 문제를 관철시키기 위해서 벌이는 "인정투쟁"을

---

6) 이와 관련하여 하버마스의 시민사회 의사소통이 "합리적 이성"을 근간으로 한다면 기든스의 친밀성 영역에서의 의사소통은 "감성적인 동감"을 기초한다(기든스, 1996; 이상봉, 2016).

중심테제로 삼는다. 소수자(여성, 외국노동자, 성소수자)는 생활세계 내부에서 담론자원의 열세나 문화의 지배적 코드의 외부에 위치해 있어 사회적 관심이나 인정의 대상에서 소외, 차별, 배제되어 온 사람들이다. 이들이 사회의 지배적 가치나 관계질서에 동화되기를 거부하고 정치적 참여를 통해 자신의 권리와 고유한 정체성을 인정받기 위해 인정투쟁을 벌인다는 것이다. 인정투쟁은 시민사회의 생활세계가 하버마스가 전제한 것처럼 권력관계로부터 자유로운 의사소통이 가능한 영역이 아님을 시사한다. 다시 말하면 생활세계 내부에서 다양한 권력관계(가부장적 위계질서, 소수자에 대한 차별과 무시)로 인해 자유로운 의사소통의 전제조건인 상호인정관계의 유지와 의사소통이 왜곡되어 나타날 수 있다는 것이다.

마지막으로 프레이저는 사회문제로 생활세계 내부의 문제인 소수자에 대한 인정문제뿐만 아니라 (자본주의)체계 질서 자체에 기인한 분배문제에도 관심을 기울여야 한다고 주장한다. 이와 같은 주장은 호네트가 후기 자본주의 이후 사회문제에 대한 관심이 경제적 약자에 대한 (재)분배의 문제에서 소수자에 대한 인정문제로 이동했다고 주장한 것과 관련이 있다. 프레이저는 호네트의 주장을 일면 수용하면서도, 사회의 모든 문제를 인정문제로 일원화하는 것에 반대한다. 그녀는 분배 문제가 인정 문제와 더불어 여전히 중요한 사회문제로, 분배와 인정문제를 별도의 독립된 문제로 간주하기보다 상호 결부된 복합적인 문제로 해석하고 이해하여야 한다고 주장한다. 다시 말하면 소수집단의 차별이나 배제의 인정문제가 문화적 문제로 한정된 것이 아니라 경제적인 문제와 밀접하게 결부되어 있다는 것이다. 예를 들면, 경제적 약자가 사회의 소수자로 전락되어 차별과 무시를 경험하거나 여성이나 성소수자가 정당한 경제적 구성원으로 인정받지 못하고 노동시장 진입에 어려움을 겪는 문제는 경제적 빈곤을 야기한다. 따라서 사회구성원 모두가 동등하고 정당하게 자신의 권리를 행사하고 상호작용할 수 있는 기본적인 사회적 조건(물질적 분배와 타인의 인정)이 제도적으로 보장되는 사회가 정의로운 사회라는 것이다.

1. 하버마스의 민주적 공공성

1) 이론적 배경

하버마스는 시민사회의 생활세계에서 의사소통 합리성을 복원하고자 한다. 이것은 19세기 후반 후기 자본주의를 경험하면서 가속화된 생활세계 식민화 현상에 대한 위기적 처방이라 할 수 있다. 생활세계 식민화는 의사소통 행위를 매개로 한 생활세계의 고유한 논리가 화폐와 권력을 주요한 작동 원리로 삼는 자본시장과 국가 행정의 체계에 의해 교란되고 잠식당하는 현상이다.

생활세계 식민화 현상은 19세기 후반의 후기 자본주의로부터 20세기 중반의 신자유주의를 거치면서 가속화된다. 후기 자본주의 시대에는 국가가 복지제도를 도입해서 자본주의가 양산한 계급 간의 갈등과 분배 문제의 완화를 시도했고 이러한 과정에서 국가 행정체계가 확산, 강화되었다. 물론 복지제도의 도입이 자본주의 체제 자체를 부정하고 사회주의 체제로의 전환을 의도한 것은 아니었다. 이것은 자본주의의 구조적 문제를 근본적으로 해결하고자 하기보다 자본주의 체제의 고유한 기능을 유지하면서 표면적으로 가시화된 사회적 저항과 갈등을 해소하고자 하는 의도라 할 수 있다. 그리고 복지국가의 위기를 계기로 등장한 신자유주의 국가에서 국가는 자본주의 체제의 원리에 편입되어 시장 경쟁의 논리를 사회 전반으로 확대하고 강화하는 견인차 역할을 감당하게 된다.

이같이 사회 전반에 나타나는 생활세계 식민화 현상의 심각성은 생활세계 구성원이 의사소통을 통해 정치적 정당성을 담보하는 주체로서의 역할을 상실하고 자본주의 사회의 소비 대중이나 복지행정의 수혜자로 전락하게 되는 것이다. 이처럼 시민사회의 민주적 잠재력이 상실된 사회에서 정치적 정당성은 시민의 의사소통 권력에 의해서가 아닌 정당과 언론의 여론정치를 통해서만 산출된다. 이에 대한 실질적인 처방으로 하버마스(2017)는 토의 민주주의 (deliberative democracy)를 제안한다. 토의 민주주의를 통해 생활세계가 체계의 지배적인 논리에 의해 장악당하는 것을 저지하고 시민의 민주적 의사소통 잠재력을 회복시키고자 한다.

2) 의사소통행위 이론

하버마스(2006)는 호르크하이머와 아도르노가 계몽변증법에서 지적한 대로 현대화 과정에서 나타난 이성의 폭력과 억압에 대한 비판적 문제의식에 동의하면서도 이성을 전면적으로 부인하기보다 이성을 통해 "이성의 문제"를 극복하고자 한다. 그에 따르면 현대성의 위기를 초래한 원인이 이성 전체에 있는 것이 아니라 이성의 일면적 부분인 도구적 이성만을 강조한 현대성 기획의 전략에 있다는 것이다. 따라서 이성의 해방적 잠재력인 의사소통적 합리성의 실현을 통해 현대성 기획의 병리적 현상을 극복하고자 한다. 이와 관련하여 그는 18세기 서유럽의 부르주아 공론장의 민주적 역할에 주목한다. 부르주아 공론장의 주체들은 이성적이고 합리적인 사유와 토론의 과정을 통해 기성의 정치·사회적 질서와 권위를 비판하고 저항하는 공적 의견과 여론을 생산하고 이를 통해 공권력 영역의 무제한적 영향력으로부터 사적 영역을 지켜내는 방어막의 역할을 수행했다는 것이다(하버마스, 2001).

하버마스는 부르주아 공론장의 주체인 공중 간에 이루어지는 의사소통 합리성을 현대의 시민사회에서 회복시키고자 한다. 의사소통적 합리성은 타인과의 언어적 의사소통 과정을 통해 상호간의 이해와 합의의 형성을 도모하는 이성적 능력을 말한다. 이런 의사소통 행위가 가능하기 위해서는, 첫째, 공론장의 참여주체인 공중의 이중적인 지위가 전제되어야 한다. 공중은 사적 주체로서 가정과 경제적 활동이 결부된 사적인 이해관계를 갖는 동시에 공적 주체로서 자신의 사적이익의 문제를 합리적인 사유와 토론을 통해 공적문제로 전환시킬 수 있다. 다시 말하면 공중은 사적 주체로서 자신만의 내적 욕구와 의지를 갖고 있지만 그것에 머무르지 않고 공적 주체로서 타인과의 의사소통을 통해 자신의 욕구와 의지를 조정하고 합의를 도출할 수 있는 이성적인 능력을 갖추고 있다는 것이다. 둘째, 의사소통 행위는 합리적 이성을 토대로 의견을 교환하고 타당성 주장(진리성, 규범성, 진정성)을 통해 그 의견의 수용여부를 결정하는 담론 과정을 전제로 성립한다. 이 담론과정은 참여하는 모두가 서로를 자유롭고 평등하며 사려 능력이 있는 참여자로 인정하는 상호주체성을 토대로 한다. 그리고 담론과정을 거쳐 도출된 합의는 상호 간의 행위를 조정하는 행위 원칙으로서 정당성을 갖는다.

이런 하버마스의 의사소통적 합리성은 보편적 이성을 토대로 상호주체간의 행위원칙을 도출한다는 점에서 칸트적 자유 이념의 연장선상에 있지만 칸트적 자유가 초래하는 억압적 상황을 피할 수 있다. 이것은 담론 행위가 인간의 이성적 법칙에 따라 보편적 행위원칙을 도출하는 일방적이고 고립된 과정이 아니라 타인과의 의사소통적 담론과정을 통해 보편적 행위원칙을 도출하는 상호주관적인 과정이기 때문이다. 칸트의 보편적 행위원칙이 이성 외부에 존재하는 욕구와 충동을 타자로 배제시키는 것과는 달리 하버마스의 의사소통 과정에서의 개인은 담론의 참가자로 자신의 욕구, 이해, 가치판단을 규범적 타당성의 근거로 담론과정에서 제시할 수 있다.

3) 토의 민주주의

토의 민주주의는 의사소통 행위이론을 정치이론으로 재편하여 정치적 실천력을 담보하고자 하는 시도이다. 의사소통 행위이론의 체계/생활세계의 2단계 사회이론은 체계의 확장으로 생활세계가 식민지화되어 의사소통 합리성을 근간으로 하는 생활세계 내부의 자발적 의사결정과 공론형성의 기능을 상실해 가는 비관적 현실을 분석하는 데는 성공적이었지만 그와 관련된 문제에 대한 실천적 대안을 제시하지 못하는 한계를 가지고 있었다. 이런 이유로 하버마스는 기존 2단계 사회이론에서 3단계 정치이론으로의 재편을 시도한다(하버마스, 2017; 선우현, 1999).

3단계 정치이론은 의사소통의 공간인 생활세계를 체계의 효율성과 합리성에 의해 변질되는 상황에 맞설 수 있는 시민사회의 공론장으로 재편하고자 하는 시도로, 자율적 공론영역(public sphere)을 중심으로 한 체계/공론장/생활세계의 구조를 갖는다. 공론영역은 다양한 사회문제들을 자율적인 토론(debate)과 토의(deliberation)를 통해 비판적으로 논의하고 이를 통해 합리적인 대안을 마련하는 사회적 공간으로 이해된다. 이처럼 공론영역은 시민사회에서 나타나는 다양한 문제들을 감지하고 의사소통행위의 과정을 통해 그 문제들을 사회의 현안으로 쟁점화시키는 역할을 수행한다. 그리고 공론영역에서 형성된 의견은 의사소통적 절차를 통해 제시된 공적 의견으로 사회적 압력과 여론을 형성하여 공식적으로 의회나 정당과 같은 제도화된 의사소통영역에 영향력을 행사한다. 이와 같이 공적 의견의 형성을 통해 발휘된 정치적 영향력을 "의사소통적 권력(communicative power)"이라고 한다.

하버마스는 의사소통적 권력을 통해 체계에 식민지화된 생활세계를 활성화시키고자 한다. 의사소통적 권력은 시민사회를 토대로 한 공론영역의 "비공식적 의견형성"과 법적 제도의 기반이 되는 의회의 "공식적 의지형성" 간의 상호작용을 통해 형성된다(하버마스, 2017). 이것은 "쌍선적 토의 정치" 기획으로, "다양한 압력과 여론이 의회를 비롯한 공식적인 정치·행정 제도 속에서 정치적 권력으로 구현되거나 입법화 과정을 거쳐 행정 권력으로 전환되어 정치·행정 체계를 직접 제어"하는 것을 목적으로 한다(선우현, 1999: 256).

하지만 공론영역의 의사소통적 권력에 기초한 토의정치가 의사소통을 근간으로 한 생활세계의 논리나 사회의 기능적 효율성을 근간으로 하는 체계의 논리를 대체하고자 하는 것은 아니다. "공론영역은 정치·행정체계와 생활세계를 매개하는 가운데 체계와 생활세계의 상호 경계를 적절히 유지시킴으로써, 민주주의의 안정적 유지와 지속적인 발전을 도모한다. 이와 같은 경계유지는, 가령 법제도를 매개로 한 간접적인 방식으로 체계를 의사소통의 논리에 예속시켜 체계의 권력과 관료제가 체계 내에 머물도록 함으로써 가능하다"(선우현, 1999: 257). 이는 토의정치를 통해 "끊임없이 확장되어 나아가는 체계의 논리를 공론영역의 활성화를 통해 끊임없이 감시하고(가령 여론을 통한 영향력 행사), 체계의 논리가 담론적 절차과정을 지배 장악하려는 사태를 방지하면서(가령 의회 내의 입법화를 거쳐 제정된 법을 통한 체계논리의 제어), 자유로운 의사소통에 근거한 절차적 민주주의를 실현하려는 정치이론 기획이다"(Ibid.: 257).

2. 기든스의 민주적 공공성

1) 이론적 배경

기든스는 친밀성의 영역이 그간 국가 중심의 공사 이분법적 사고 하에서 사적 영역으로 배제되어 공공영역으로서 친밀한 의사소통행위의 잠재력을 통해 민주적 공공성을 실현할 수 있는 가능성을 충분히 발견하지 못해 왔다는 점에 주목한다. 이와 관련하여 아렌트(2009)는 가족적 친밀성이 사회적인 영역의 경제적 이해관계에 바탕을 둔 전략적 인간관계의 획일성에서 벗어나 사적 의사소통관계를 유지할 수 있다는 측면에서 그 가치에 주목했다. 하지만 관계의 친밀함에 사로잡혀 복수의 사람들 간의 다양하고 비판적인 의사소통교환이 이루어지기 어렵다는 점에서 공적영역의 성격을 가질 수 없다고 주장한다. 한편 하버마스(2012)는 친밀성의 공간인 부르주아지 가족의 살롱에서 이루어지는 독서 토론으로부터 소가족의 의사소통 잠재성을 발견한다. 이런 측면에서 그는 친밀성의 공간으로서의 살롱을 의사소통의 자율성이 보장된 "전정치적 공간"으로 간주한다. 하지만 그는 친밀성의 영역 그 자체를 국가 권력에 대한 견제와 비판을 형성할 수 있는 실질적인 정치 공간으로까지는 설정하지 않는다.

기든스는 친밀성 영역을 잠재적 의사소통 권력을 통해 민주적 공공성을 이룰 수 있는 "생활정치의 장"으로까지 그 가능성을 확대하고자 한다. 이러한 시도는 친밀성 영역이 현대가족의 가부장적 관계질서에 갇힌 "억압의 공간"에서 가족 구성원들의 친밀한 관계를 바탕으로 한 자율적이고 "민주적 공간"으로 변용되고 있는 현실을 반영한다. 이처럼 개인들 간의 친밀한 관계가 민주화되면 개인들 상호 간의 인격적 신뢰와 사회적 연대가 강화될 수 있고,

이것은 더 나아가 공공 영역의 민주주의를 실현할 수 있는 중요한 시발점이 된다는 것이다(이상봉, 2016: 68). 이와 더불어 친밀성 영역에서 다루어지는 개개인의 삶과 관련된 문제는 자신의 실존적 경험을 바탕으로 비판적으로 다루어 질 수 있다. 이것은 추후 사회 변혁운동의 실천으로 이어질 수 있는 동력이 될 수 있다.

2) 성찰적 친밀성

친밀성은 단지 신체적이나 심리적으로 가까운 관계로 정식화할 수 있는 몰역사적인 개념이 아니라 현대사회로의 이행과정에서 비로소 나타난 현대적 개념이다. 이것은 사회적으로 자신의 인격적 개체성을 바탕으로 한다는 의미에서 전통사회의 혈연, 지연, 학연을 바탕으로 이루어진 친밀한 관계와 다르다. 전통사회에서 개인은 단지 공동체나 사회의 하부체계의 일부로 고정되어 자신의 존재성을 따로 확인 받을 필요가 없었다. 이에 반해 현대사회에서 개인들은 사회의 일부분으로서가 아닌 유일무이한 존재로서 자신의 개체성을 인정받기를 원한다(루만, 2009). 다시 말하면 "개인들이 서로를 역할로서 인정하는 관계가 아니라 비교 불가능하고 대체 불가능한 유일무이한 세계를 가진 자로 확인해 주는 관계, 그래서 커뮤니케이션 불가능한 것, 즉 내밀한 것을 커뮤니케이션하고 싶다는 욕구를 갖고 커뮤니케이션하는 관계를 추구한다"는 것이다(정성훈, 2013: 362). 이러한 욕구를 충족시켜 줄 수 있는 실질적 대안으로서 친밀성은 현대사회의 구조적 변용과 깊은 관계성을 갖는다.

대표적으로 섹슈얼리티와 결합된 결혼을 통해 형성된 현대의 소가족적 친밀관계를 들 수 있다. 소가족은 가문 간의 언약이나 혈통을 매개로 형성된 전통적인 가족과는 구별되는 현대 사회의 산물이다. 현대 소가족은 프로테스탄티즘을 근간으로 하는 부르주아지 도덕질서의 성립과정에서 나타난 것으로 현대적 주체인 남녀 간의 "낭만적 사랑(romantic love)"을 매개로 형성된다(기든스, 2003). 하지만 현대 가족은 현대성과 전근대성의 이중적인 면모를 갖는다. 남녀 간의 사랑을 통해 자율적으로 이루진다는 점에서는 현대적이지만 일단 결혼을 통해 여성이 가족제도에 편입되는 순간 가부장적 위계와 성 역할분담이라는 전근대적 질서의 억압에 노출된다는 것이다. 이것이 현대 가족을 현대적 사랑으로 위장된 전근대적 산물이라고 부를 수 있는 이유이다.

하지만 현대 가족은 20세기 후반부터 시작된 여성의 노동참여의 확산과 서구적 삶의 유입을 계기로 구조적 변용을 경험한다(문성훈, 2018). 여성의 노동시장 진출은 가족의 생계를 위한 경제적 활동과 가정의 가사노동을 각각 남성과 여성의 역할로 한정시킨 가부장적 성별역할분담 질서에 균열을 초래했다. 그러나 여성의 노동참여가 여성을 가부장적 역할분담의 질서로부터 해방시켜준 것은 결코 아니었다. 오히려 여성은 경제적 활동과 가사노동의 이중적 역할에 노출되었고 출산, 육아, 양육 등과 관련된 부부간의 갈등과 이로 인한 이혼률 증가가 새로운 사회문제로 부각되었다. 이것은 현대 가족 제도가 갖는 성적 불평등성과 비대칭성이 표면적으로 가시화된 것이지만 근본적으로는 현대 가족의 존재방식과 의미에 대한 비판의 목소리를 반영한다.

이와 같은 친밀성 내부에 나타난 구조적 변용을 계기로 친밀성은 가족이라는 제도의 울타리에 갇힌 고정된 성격의 것이 아닌 언제든지 그 관계를 무효화시킬 수 있고 의미가 있다고 여겨지는 새로운 관계로 "합류"할 수 있는 유동적인 성격을 갖게 된다(이상봉, 2016). 다시 말하면 친밀성은 현대적 가족제도에 갇혀 사랑하는 대상에 대한 맹목적 성격을 갖는 "낭만적 사랑"에서 벗어나 사랑하는 관계가 갖는 의미나 가치에 대해 언제나 의문을 제기하고 성찰을 통해 의미가 있다고 생각되는 새로운 관계에 합류하는 "합류적 사랑"으로 전환된다. "사랑에 빠진 개인에게 그 사랑의 대상인 타자는, 단지 그가 딴 사람이 아닌 바 그 사람이라는 이유만으로 자신의 결여를 메워줄" 운명적이고 맹목적인 대상이 더 이상 아닌 것이다(기든스, 1996: 86). 이것은 친밀성의 형성과 지속에 대한 판단이 외부적인 사회기준에 따라 타율적으로 이루어지는 것이 아니라 관계 그 자체에 부여되는 의미나 만족감에 대한 성찰을 통해 자율적으로 이루어지는 것을 의미한다.

친밀성은 이제 더 이상 섹슈얼리티를 매개로 한 가족이라는 제도의 울타리에 갇힌 고정된 성격의 것이 아닌 다양한 관계의 형식을 통해서도 추구될 수 있는 것이 된다. 다시 말하면 친밀성은 가족의 틀 안에 형성된 "이성애적 관계(heterosexual relationship)"에 제한되지 않고 친구나 연인, 지역자치회, 육아 공동체, 동호회 멤버 등과 같이 관계 자체가 목적이 되는 "순수한 관계(pure relationship)"로 확대된다. 이것은 친밀성의 기준이 가족의 제도적 틀이 아니라 친밀한 관계를 통해 누리는 정서적 만족, 배려, 보살핌, 공동의 관심사 등이 된다는 것이다. 기든스가 친밀성 영역을 민주적인 "생활정치의 장"으로 주목하는 지점도 바로 친밀성의 구조변동으로 출현한 새로운 인간관계이다. 그에 따르면 친밀성은 현대화과정에서 탈 현대화과정을 거치면서 구조변동을 경험하는데, 그것은 친밀성이 외부적 조건이나 제도적 규범에 의해 형성되는 것이 아니라 자신의 신념체계나 내적 기준에 준거(internal referentiality)하여 민주적으로 이루어진다(기든스, 1996: 178). 이러한 민주적 자율성은 "개인이 스스로를 성찰하고 스스로 결정을 내림으로써 어떤 행동을 할 것인가에 대해 심사숙고, 판단, 선택, 실행

할 수 있는 능력"을 기반으로 한다(기든스, 1996: 274).

3) 친밀 도시공동체

친밀영역으로부터 육성된 민주적 공공성의 가능성은 현대가족의
사적 자율성에만 한정되지 않는다. 친밀관계를 바탕으로 공통의
삶을 모색하고 실천하려는 자발적인 노력이 도시공동체에서도 나
타나고 있다. 도시공동체는 도시 내부에 특정 지역을 중심으로 형
성된 공동체로 생활공간을 공유하는 주민들 간의 친밀한 관계성과
사적 자발성을 기반으로 공동의 필요와 목적을 추구한다. 이와 관
련된 구체적 사례로는 2000년대 초반 설립된 서울 성미산마을을
들 수 있다(정성훈, 2013). 성미산마을은 맞벌이 부부의 육아라는
공동의 목적으로 출발한 자발적 협력관계가 시간이 지나면서 친밀
한 이웃관계를 토대로 한 생활공동체와 대안 가족공동체로까지 발
전하게 된 사례이다. 구체적으로 살펴보면 지역 내 공동육아의 필
요성이 성산동 어린이집의 개원을 시작으로 공동육아협동조합의
설립으로 이어졌다. 조합의 주된 구성원은 고학력 맞벌이 부부로
이들(여성뿐만 아니라 남성도)은 조합의 운영뿐만 아니라 어린이집
교사 혹은 직원의 역할을 적극적으로 감당한다. 그리고 친목행사,
상담, 부모교육 등을 진행하면서 형성된 친밀한 관계는 친목, 교
육, 소비(친환경 먹을거리 공동구매, 반찬가게)등의 다양한 '생활공동
체'의 모임으로 발전된다. 이것은 더 나아가 가족 내부의 사적 문
제들까지도 서로 대화를 통해 나누고 격려할 수 있는 '대안 가족공
동체'로까지 발전되었다(정성훈, 2013).

친밀공동체는 열린 지향성을 기반으로 주변 지역 주민과의 네트
워크를 통해 공공성을 지향한다. 이것은 폐쇄적 관계를 기반으로
자신이 속한 지역의 특수 목적만을 목표로 삼는 기존 도시공동체

의 성격과 다른 점이라고 할 수 있다. 성미산마을과 같은 친밀공동
체는 다양한 지역 주민들의 복리증진을 위한 공적 사업으로까지
확장되어 나아간다. 이처럼 폐쇄적 친밀성에 머무르지 않고 외부
공동체로 친밀 관계를 확장해 나가는 열린 지향성은 자연스럽게
주변 지역에서 다양한 공적 사업으로까지 이어졌다. 마포지역 내
초등학교 방과후교실이나 도시형 대안학교의 설립뿐만 아니라 지
역공동체 라디오인 '마포FM,' '마포희망나눔'과 같은 단체의 설립
으로까지 이어진 것이다(정성훈, 2013). 마포FM은 지역 내 노인과
장애인 등 소수자들의 목소리 역할을 하고 마포희망나눔은 저소득
층 노인과 아동을 돌보는 공익사업을 펼치고 있다.

그리고 성미산마을과 같은 친밀공동체는 자율적이고 평등한 관
계 구조를 가지고 있다는 특징을 가지고 있다. 이러한 특징은 기존
도시공동체의 모임(계모임, 학부모 모임, 신앙모임, 지역자치운동 등)을
형성하는 친밀성의 구조가 위계적이고 불평등하다는 점과 비교할
때 잘 드러난다. 기존 도시공동체들은 "서로 매우 긴밀한 전인격적
관계를 맺는 경우, 그 관계는 대개 불평등한 성격을 갖는다. 사회
적 지위나 나이에 따른 위계질서를 갖고 있거나 주도자와 순종자
가 뚜렷이 구별되는 경우가 많다. 이것은 공동체의 구성원들이 익
명적 도시사회 속에서 충분히 개인화되지 않은 사람들, 따라서 개
체성에 기초해 평등한 관계를 맺기에는 어려운 사람들이다"(정성
훈, 2013: 350). 이러한 불평등하고 위계적인 관계구조 속에서는 그
집단의 지도자의 역할이나 집단의 규범이나 규칙의 그늘에 가려
그 구성원 각자의 자율적인 성찰성을 근간으로 하는 협력을 이루
어내기가 어렵다.

3. 호네트의 민주적 공공성

1) 이론적 배경

호네트는 하버마스의 생활세계 식민지화론이 주목하지 못한 생활세계 내부의 질서로부터 발생하는 사회적 문제에 주목한다. 따라서 그는 소수자들에 대한 왜곡과 무시 그리고 그에 대한 사회적 저항을 새로운 사회갈등의 중심축으로 설정한다. 소수자를 둘러싼 사회적 문제는 현대 사회가 직면한 이중성과 결부되어 나타난다. 현대 사회는 다양한 사회적 관계와 가치질서를 추구하는 반면, 사회 전반의 가치가 화폐와 경쟁의 자본주의적 가치로 일원화되고 있다(문성훈, 2018). 이와 같은 현대사회의 이중성은 무엇보다 신자유주의 가치의 확산과 더불어 개인이나 정체성에 대한 인정문제로 표면화되어 나타난다. 신자유주의의 가치질서 하에서 자본주의의 생산 질서와 가치에 편입되지 못하거나 경쟁에서 낙오한 개인은 소수자로 전락하여 사회적 관심이나 인정의 대상에서 차별받고 배제된다. 이때 일부의 소수자는 자본주의 내에서 표준화된 인간상의 내면화를 거부하고 자신의 고유한 정체성을 인정받기 위한 인정투쟁을 벌이게 된다. 물론 인정관계가 경제적 조건에 의해서만 형성되는 것은 아니다. 인정투쟁을 통한 새로운 인정질서에 대한 요구는 친밀성 영역에서도 나타난다. 친밀성 영역에서의 인정투쟁은 산업자본주의 사회에서 여성의 노동시장 진출에 따른 사회·경제적 지위의 상승과 맞물려서 나타난다. 이러한 구조적 변화는 가부장적인 역할분담 질서에서 가사, 양육, 돌봄 등 전통적인 역할을 전담해 왔던 여성들로 하여금 자신들도 남성과 동등하게 사회적으로 인정받을 수 있도록 하는 새로운 인정질서에 대한 요구를 가능하게 했다.

2) 인정투쟁

인간은 누구나 타인으로부터 인정받고 싶어 한다. 인정은 자기의식을 본질로 하는 인간의 원초적인 욕구로 타인을 매개로 자신이 자기의식을 가진 자립적인 존재임을 확인받고자 하는 것이다(헤겔, 2005). 하지만 자기의식을 가진 주체의 욕구는 또 다른 자기의식을 가진 주체인 타인의 욕구와 충돌을 예견한다. 왜냐하면 인간은 자기중심적인 인정욕구로 인해 타인을 자신과 동등한 자기의식을 가진 인간으로 인정하지 않기 때문이다. 자신은 타인으로부터 자기의식을 가진 주체로서 인정받기를 원하지만 정작 자신과 동등한 인간인 타인은 자신의 욕구의 대상으로 삼고자 한다는 것이다. 여기서 인간 각자는 자신이 자기의식을 가진 인간으로 인정받느냐 타인의 동일성의 자장권에 포섭되어 노예와 같은 삶을 사느냐하는 아(我)와 타(他)의 생사를 건 투쟁을 벌인다.

현대사회에서 인정투쟁은 사회적으로 무시되거나 배제된 사회적 약자나 주변부 집단이 자신의식을 가진 주체로서 정당하게 인정받기 위해 벌이는 사회적 저항의 형태로 나타난다. 이들은 인정질서에서 유보되거나 무시된 자신의 삶의 방식이나 정체성을 자신이 속한 사회에서 다른 사람들과 동등하고 정당한 것으로 인정받고자 인정투쟁을 벌인다. 인정투쟁은 강제력이나 폭력을 동반한 권력투쟁이나 남보다 우월한 사회적 위상을 획득하는 것을 목표로 하는 우월투쟁과는 성격이 다르다. 인정투쟁은 인정질서의 변혁을 통해 사람들이 다양한 삶을 영위할 수 있는 사회적 가치지평을 확대하는 것을 궁극적인 목표로 삼는다.

호네트(2011)는 인정관계를 자아실현의 사회적 조건으로 본다. 상호인정관계는 긍정적 자기관계 형성의 계기가 되고 이것은 궁극적으로 성공적인 자아실현의 가능조건으로 작용한다는 것이다. 그는 인정형식을 "사랑," "권리," "사회적 연대"의 세 가지로 분류하고, 이 인정형식의 각각의 내용이 충족될 때에만 개인이 긍정적 자기관계를 형성하고 성공적 자아실현의 계기를 마련할 수 있다고 한다. 첫째, "사랑"은 개인 간의 강한 감정적 결속을 바탕으로 형성된 원초적 관계를 규정하는 것으로, 어머니의 자식에 대한 헌신적 애정을 대표적인 예로 들 수 있다. 사랑은 자신의 신체적 욕구나 감정이 타인의 지속적인 정서적 보살핌이나 배려를 통해 수용되는 정서적 경험이다. 이런 사랑의 누적된 경험은 자신이 사랑받을 만한 사람이고 자신의 욕구가 충족될 만한 가치가 있다는 자기 자신에 대한 믿음, 즉 자신감이라는 긍정적 자기관계 형성으로 이어진다. 둘째, "권리"는 개인이 법적 질서 하에서 사회 구성원으로서 타인과 동등하게 누리고 보장받는 것으로, 자신이 타인과 마찬가지로 동등한 권리를 누릴 때 동등한 인격체로 인정받고 있다는 의식을 가질 수 있다. 권리의 보장은 자신이 이성적 능력을 가진 인격체로 존중받는 것이고 이런 자기 존중의식은 더 나아가 자신의 의견과 비판을 타인에게 표출하는 정치적 행위를 가능하게 하는 조건으로 작용한다. 마지막으로 "사회적 연대"는 개인이 공동체 구성원의 일부로서 자신의 고유한 특성이나 개성을 공동체적 가치 목적에 부합한 방식으로 발휘하고 있다고 인정받을 때 형성되고 경험된다. 사회연대의 경험은 개인이 사회에 가치가 있는 역할을 수행하고 사회 구성원이라는 자부심을 통해 강화된다. 그리고 사회구성원 간의 연대의식이 높은 사회는 상호인정관계를 토대로 개인의 자아실현과 사회적 통합의 형성이 용이하다.

이와 반대로 세 가지 인정형식의 내용이 충족되지 않고 유보되거나 무시될 때 개인은 정체성의 혼란은 물론 자기 파괴적인 상황

▌표 5 사회적 인정관계의 구조

	정서적 배려	인지적 존중	사회적 가치 부여
개인의 차원	욕구 및 정서적 본능	도덕적 판단 능력	능력, 속성
인정 형태	원초적 관계 (사랑, 우정)	권리관계 (권리)	가치 공동체(연대)
실천적 자기 관계	자기 믿음	자기 존중	자기 가치 부여
무시의 형태	학대, 폭행	권리 부정, 제외	존엄성 부정, 모욕

자료: 인정투쟁(2011:249)으로부터 재구성

에까지 이르게 된다. 첫째, 폭력을 통한 신체적 학대는 사랑의 인정을 바탕으로 형성된 긍정적인 자기관계를 훼손할 수 있다. 이것은 폭력의 경험이 "신체적 고통뿐만 아니라, 이 신체적 고통이, 현실에 대한 감각적 상실에 다다를 정도까지 다른 주체의 의지에 무방비로 노출된다는 느낌"의 심리상태를 말한다(호네트, 2011: 252). 신체적 폭력의 전형적인 사례로서 고문, 학대, 폭행을 들 수 있는데 이런 폭력적인 경험은 신체적 고통은 물론 자율적인 신체적 활동을 통해 자신이 원하는 바를 추구하는 신체적 자주성을 파괴한다. 여성, 아동에게 가해지는 신체적 학대나 폭력 그리고 외국인 노동자의 열악한 노동조건 등이 이와 관련된다. 둘째는 권리의 유보나 배제를 통한 무시이다. 사회의 공동체 구성원으로서 마땅히 누려야 할 권리가 제도적으로 유보되거나 배제되는 경험을 한 사람들은 자신이 타인과 동등한 이성적 존재로서 마땅히 존중받아야 할 대상이라는 긍정적 자기의식과 존중의식을 형성하기 어렵게 된다. 그리고 이것은 사회의 정당한 구성원으로서 정치적 참여를 통해 자신의 의견을 표출하고 관철시키고자 하는 정치적 의지를 상

실하게 만든다. 예를 들면 동성혼을 합법으로 인정하지 않는 사회
에서 동성혼 부부가 받게 되는 법적 권한의 축소 및 사회적 혜택
의 제한 등이 이에 해당한다(문성훈, 2005). 마지막은 개인의 특성
이나 삶의 방식을 열등한 것으로 평가하고 이것들에 가치를 부여
하는 것을 유보하는 방식의 무시이다. 이러한 무시를 경험한 개인
은 정당한 공동체 구성원으로서의 자부심을 갖기 어려울 뿐만 아
니라 타인과의 긍정적인 사회적 유대 관계를 통해 연대할 수 있는
심리적 기반을 상실한다. 이는 장애자, 성소수자. 외국인 이주자,
여성 등을 고용, 임금, 승진 등의 과정에서 차별하는 사례들과 관
련지어 생각할 수 있다.

3) 물화와 인정망각

호네트(2006)는 인정관계에서 나타나는 인정 유보나 배제와 같
은 무시 행태를 인정망각을 통한 일종의 물화현상으로 본다. 인정
망각은 세계의 모든 존재자와의 관계적 연관성을 고려하지 않고
감각적 자료만을 통해 그 존재자를 객관적으로 이해하고자 할 때
초래된다. 그것은 존재자의 고유한 가치를 인정하지 않고 망각하
는 것으로 대상을 물화시키는 것과 동일한 결과를 가져온다는 것
이다. 이처럼 존재자에 대한 인정망각 현상은 그 존재자의 본질적
모습을 파악하는 것을 불가능하게 할 뿐만 아니라 그 존재자와 실
존적 관계 연관 속에서 살아가는 인간 자신의 고유한 존재 가능성
을 부정하는 결과를 야기한다고 한다. 이러한 시각은 하이데거와
존 듀이의 인식론적 사고의 영향 하에서 생겨난 것이다. 하이데거
(1998)는 인간을 세계와의 실존적 연관 체계 속에서 살아가는 "세
계－내－존재(In－der－welt－sein)"로, 자신의 본래적이고 고유한
존재 가능성은 세계 내의 모든 존재자와의 실존적 연관성 속에서

드러난다고 말한다. 이런 관점에서 그는 실존적 연관관계의 맥락을 고려하지 않는 인식론적 주객 이원론이 인간 자신과 세계를 본래적인 존재로 이해하는 것을 가로막는다고 주장한다. 이와 마찬가지로 존 듀이(1926)도 모든 합리적 인식은 포괄적 체험에 근거하고, 이 체험은 환경세계와 조화롭게 교류하고자 하는 행위 상황 속에서 발생한다고 설명한다(호네트, 2006: 300).

물화현상을 일찍이 사회비판의 핵심 문제로 삼은 것은 루카치였다. 그는 자본주의 사회에서 인간을 지배하는 일상적 생활 형식을 물화로 본다. 인간이 대상과 관계할 때, 그 대상이 자연이든 타인이든 아니면 자신의 내면이든 관계없이 그것을 객관적으로 존재하는 사물로서 다룬다는 것이다(호네트, 2006). 루카치는 이런 물화현상이 상품생산을 사회의 지배적인 활동 양식으로 삼는 자본주의 사회에서 보편적으로 나타나는 병리적 현상으로 간주하고, 무엇보다 인간을 단지 생산목적을 위한 상품과 도구로 전락시키는 자본주의적 생산관계를 사회 비판의 핵심 축으로 삼는다. 이와 같은 물화현상 테제는 그 이후에도 프랑크푸르트 학파 이론가들의 사회비판 핵심주제로 지속적인 논의의 대상이 된다. 프랑크푸르트 학파 1세대인 호르크하이머와 아도르노는 계몽변증법에서 인류의 문명화 과정을 "도구적 합리성"을 통해 자연을 도구적으로 조작하고 지배하는 총체적 과정으로 이해한다. 이때 도구적 합리성의 역할은 다양하고 고유한 속성을 가진 개별적인 존재자를 개념화를 통해 보편적 존재자로 동일화시키는 일종의 물화현상이다.

아도르노는 물화현상을 극복하기 위한 개념적 대안으로 주체가 대상을 모방하면서 개념적 인식을 끊임없이 수정하는 인식론적 방법으로 "미메시스(mimesis)적 사고"를 제안한다. 이는 주체가 고유한 속성을 가진 개별적 대상을 개념적 폭력으로 포섭하는 대신 개

념들의 짜임관계(constellation)를 통해 대상과의 친화적 동화를 시
도하려는 것이다(문성훈, 2007; 아도르노, 2003). 하지만 이러한 시도
도 여전히 개념적 인식을 전제한 것으로 그 한계를 노정한다. 이런
한계점을 극복하기 위해 프랑크푸르트 학파 2세대인 하버마스
(2006)는 도구적 합리성에 대한 대안으로 의사소통적 합리성을 제
시한다. 의사소통적 합리성은 언어를 매개로 한 상호 주관적 논증
과정으로 타인이 의사소통의 주체로 등장 할 수 있다는 점에서 물
화현상과 미메시스적 사고의 한계를 극복할 수 있는 단초가 된다.
하지만 의사소통의 대상인 타인만이 주체의 지위를 부여받고 자연
과 인간의 내면은 객체의 대상이 된다는 측면에서 여전히 한계를
가진다(문성훈, 2007: 291).

호네트(2006)은 인식에 대한 "인정 우선성" 테제를 통해 아도르
노와 하버마스의 한계를 극복하고자 한다. 인정 우선성 테제는 상
호작용 상대자에 대한 인식이 제대로 이루어지기 위해서 자신과
연관관계 속에 있는 상대자를 정서적으로 인정하는 것이 선행되어
야 한다고 주장한다. 다시 말하면 인정이 인식의 가능조건이라는
것이다. 그는 자신의 주장을 인지능력의 발달, 언어적 감정 표현,
내적 체험의 세 가지 차원에서 논증한다. 첫째, 새로운 발달 심리
학의 연구 결과에 따르면 어린아이는 자신과 상호작용하는 상대방
과의 정서적 연관관계 속에서만 그 상대자의 관점이나 태도변화에
주시하고 이는 인지능력의 발달로 이어진다고 한다. 이것은 어린
이가 자신과 관계를 맺고 있는 "구체적 타자의 현존에 의해 움직
여지고 감동받고 동기를 부여받아 그 타자의 변화에 관심을 갖고
그를 따라하게 되기 때문이다"(호네트, 2006: 53).

언어적 감정표현에 대한 이해도 타인에 대한 정서적 인정을 전
제하지 않고는 불가능하다고 한다. 카벨에 따르면 언어적 감정 표

현을 둘러싼 상호작용은 언어를 통해 전달되는 객관적 사실에 주
목할 때 가능한 것이 아니라 언어를 통해 전달되는 상대방의 감정
상태에 주목할 때 가능하다는 것이다. 이런 측면에서 보면 "타인의
정서적 상태는 객관적 인식이란 의미에서 지식의 대상이 아니다.
왜냐하면 인간의 감정 상태는 사실을 전달하는 것과 같은 방식으
로 이에 대한 정보를 제공할 수 있는 탈정서적 서술의 대상이 아
니며, 언어적 감정표현의 주체와 이에 대한 이해의 주체 역시 이에
대한 중립적 인식 주체가 아니라 정서적으로 관여된 실존적 주체
로서 등장하기 때문이다(…)이런 점에서 타인의 언어적 감정표현
을 이해할 수 있는 가능조건은 타인에 대한 인정"을 기반으로 한
다(문성훈, 2007: 304).

인간의 내적 체험인 자신의 감정과 욕구에 대한 이해도 그 심리
상태에 대한 정서적인 인정에 기초한다(호네트, 2006). 주체는 자신
의 감정과 욕구를 객관세계를 탐구하듯이 인식할 수 없다는 것이
다. 이와 마찬가지로 인간의 감정이나 욕구는 자신이 원하는 바에
따라 능동적으로 결정하고 구성할 수 있는 그런 조작가능한 객관
적 대상이 아니라는 것이다. 오히려 우리가 그것을 결정하고 구성
하기 전에 내면에서 솟구쳐 나오는 불가항력적인 것으로 인정하고
그 심리상태에 표현행태를 부여할 때 구체화할 수 있을 뿐이다.

이런 인정 우선성 테제는 아도르노의 미메시스적 인식과 하버마
스의 의사소통 합리성에 대한 시각을 심화시킬 수 있는 계기를 마
련해 준다(문성훈, 2007). 아도르노는 미메시스적 계기를 통해 개념
적 폭력을 넘어 세계에 대한 이해에 도달하려고 했지만 미메시스
적 계기가 어떻게 작동될 수 있는지에 대한 근거는 이야기하고 있
지 않다. 이런 점에서 호네트는 미메시스적 계기가 작동되기 위해
서는 세계의 고유성에 대한 인정이 선행되어야 함을 밝혀주고 있

다. 이것은 세계의 인정이 개념적 폭력을 무력화시키고 대신에 세계와의 동화를 추구할 수 있는 기반을 마련해 주기 때문이다. 하버마스의 의사소통 합리성도 인정우선성 테제와 결합될 수 있다. 이에 따르면 의사소통은 이성적인 논증의 과정을 통해서만 이루어지는 것이 아니라, 의사소통에 참여하고 있는 주체 상호 간의 인정관계가 형성될 때에 비로소 의사소통이 제대로 이루어질 수 있다고 한다. 의사소통 주체는 각기 자기중심적 사고에서 벗어나 타인을 자신과 동등한 인격을 가진 정서적 존재로 인정할 때 타인의 관점을 이해하고 수용할 수 있게 된다는 것이다.

4. 프레이저의 민주적 공공성

1) 이론적 배경

프레이저는 후기자본주의에 접어들어 사회 정의에 대한 요구가 "(재)분배"에서 "인정"으로 그 초점이 이동됐다고 주장한다. 이것은 자유방임적 자본주의가 양산한 계급 간의 공정한 분배에 대한 사회적 요구를 복지국가 시스템의 도입을 통해 일정 부분 수용하면서 성소수자, 여성, 외국인 노동자들에 대한 다양한 인정의 요구들로 그 관점이 전환되고 있다는 것이다. 이런 점에서 프레이저는 현대사회에서 인정투쟁에 대한 이해가 중요하다는 것을 인정한다. 그럼에도 불구하고 인정의 요구를 현대 사회의 중심문제로 보고 모든 문제를 인정투쟁의 관점으로 일원화하는 것에는 반대한다. 이러한 주장은 현대사회의 문제가 인정의 틀로만 이해될 수 없는 복합적인 구조를 갖고 있다는 사실에 기인한다. 현대사회는 소수집단의 차별이나 배제와 결부된 인정투쟁의 문화적 문제뿐만 아니라 신자유주의의 확산에 따른 경제적 양극화나 불평등의 문제가 여전히 심각한 복합적 현실에 직면해 있다는 것이다. 이런 점에서 분배문제를 인정문제와 결부된 주변문제로 취급하는 것은 적절하지 않다고 주장한다. 이러한 주장은 한국사회의 경우에도 적용된다. 산업발전을 통한 소득분배와 민주화를 계기로 억압된 사회적 약자나 소수자의 동등한 인정을 요구하는 목소리가 시민사회 집단이나 언론을 통해 사회의 주요한 문제로 가시화되고 있지만 그렇다고 산업발전의 이면에 존재하는 불평등한 분배의 문제가 사라진 것은 아니다. 오히려 1997년 IMF 외환위기를 계기로 분배 문제의 심각성이 첨예화되고 있는 실정이다. 자본시장 개방과 노동시장 유연화를 필두로 한 신자유주의 전략은 평생고용제도를 붕괴시키고 비정규직을 양산했으며 중산층을 몰락시키는 결과를 낳았다.

또한 인정의 문제를 분배적 불평등의 부정의한 현실을 무시한 허위의식으로 취급하는 마르크스적 시각에도 반대한다. 분배문제를 인정문제와는 별개의 독립적인 사회 문제로 다루려고 하는 시도는 현대 후기자본주의에서 나타나듯이 인정과 분배의 문제가 "상호침투성"을 갖는다는 사실을 간과하기 때문이다. 분배는 언제나 인정과 결부된 문화적 요소가 가미되어 해석되어야 이해된다는 것이다(프레이저, 2014).

마지막으로 인정과 계급의 이분법적 구별 자체를 해체하고자 하는 급진적인 시각에도 반대한다. 이것은 주디스 버틀러와 아이리스 영을 중심으로 한 후기 구조주의적 입장으로 "그들은 문화와 경제는 너무 깊이 상호 연관되어 있고 서로의 구조에 영향을 미치고 있기 때문에 그것들은 결코 유의미한 방식으로 구분될 수 없다고 주장한다"(프레이저, 2014: 111). 이에 대해 프레이저는 인정투쟁과 분배투쟁의 구별을 단일한 것으로 보는 시각이 "현재 분열되어 갈등하는 이러한 두 유형의 투쟁을 어떻게 결합하고 조화시킬 것인가 하는 급박한 정치적 질문을 던지는 것 자체를 불가능하게 만든다"고 비판한다(Ibid.: 112).

2) 분배와 인정의 관점적 이원론(perspectival dualism)

프레이저는 현대사회의 갈등을 분배와 상호인정의 문제가 각각 독자성을 가지면서도 그 근저에 상호연관성을 갖는 복합적인 상황으로 이해한다. 이에 따라 "동등한 참여(parity of participation)"의 원칙을 기초로 하여 분배와 인정의 양자를 모두 포괄할 수 있는 분석적 틀을 제시하고자 한다. 동등한 참여는 정의로운 사회를 위한 핵심적인 규범 원칙으로, 모든 사회 구성원이 동등하게 상호작용할 수 있는 기본적인 사회적 조건을 보장해야 한다. 이를 위해서 모두가 독립적 참여자로 참가할 수 있도록 물질적 자원의 분배가 보장되는 "객관적 조건"과 모두가 참여자로 동등하게 존중받고 평가받을 수 있는 "상호주관적 조건"이 제도적으로 마련되어야 한다(프레이저, 2014: 43). 다시 말하면 동등한 참여를 위한 분배와 인정의 두 가지 조건이 동시에 만족될 때 그 사회를 "정의로운 사회"라고 말할 수 있다. 그리고 분배요구와 인정요구가 정당화되기 위해서는 해당 요구가 동등한 참여를 위한 가능조건임을 공적 논증을 통해 증명할 수 있어야 한다.

프레이저의 이러한 시도는 모든 사회현상을 경제적 영역과 문화적 영역의 복합적 사회이론의 틀을 통해 이해하고자 하는 것이다. 이것은 분배문제의 근저에 자리한 인정문제와 인정문제의 근저에 자리한 분배문제를 모두 가시화하고자 하는 이차원적 시도로, 이를 "관점적 이원론(perspectival dualism)"이라 부른다. 이런 접근은 모든 분배문제를 인정문제로 환원하여 해석하는 인정 일원론적 시

각이나, 인정문제와 분배문제를 별개의 정치적 현상으로 파악하는
실체적 이원론, 그리고 양자의 실질적 구별을 해체하여 사회현상
을 보고자 하는 후기 구조주의적 반이원론과 다른 방식이다.

3) 구체적 전략

프레이저는 분배와 인정을 성공적으로 통합하기 위한 포괄적 전
략으로 먼저 "긍정(affirmation)"전략과 "변혁(transformation)"전략을
제시한다. 양자 모두 공통적으로 부정의를 시정하는 것을 목표로
삼지만, 부정의를 다루는 차원은 달리한다. "긍정전략"은 부정의를
산출하는 근본적인 사회 구조를 변화시키지 않으면서 현상적으로
드러난 불평등한 결과들만을 개선하는 것을 목표로 삼는다. 반면
"변혁전략"은 부정의의 근저에 놓인 근본적인 사회구조를 변혁함
으로써 불평등한 결과를 해결하고자 한다. 예를 들면 자유주의적
복지국가에서 이루어지는 재분배정책은 자본주의 체제를 유지하면
서 소득을 부자로부터 빈자로 이전하고자 하는 시도로 긍정전략에
속한다고 할 수 있다.7) 반면 불평등한 분배를 야기하는 생산관계

---

7) 이와 관련하여 롤스가 정의의 제2원칙으로 제시한 "차등의 원칙(difference
  principle)"이 이에 해당한다고 할 수 있다. 차등의 원칙은 최소 수혜자
  (the least advantaged)에게 사회경제적 수혜가 우선적으로 주어져야 한다
  는 것이다. 그 이유는 모두가 공정하게 경쟁할 수 있는 기회가 균등하게
  부여되어도 (또 다른 제2원칙인 기회균등의 원칙), 경쟁에는 자신의 노력
  이나 선택과는 무관한 임의적이고 우연적인 요소(선천적 재능, 태어난 가
  정 배경 등)가 결부되어 있다는 사실에 기인한다. 하지만 차등의 원칙이 능
  력주의 시장경쟁의 원칙을 부인하는 것은 아니다. 기본적으로 시장주의를
  유지하면서 개인의 능력과는 무관한 임의적 요소로 인한 분배의 문제를 시
  정하고자 한다. 이에 관한 자세한 논의는 2부 2장의 5의 "롤스의 평등주의
  적 자유주의"를 참조.

자체를 변혁하려는 사회주의적 접근은 변혁전략이라 할 수 있다. 그리고 인정문제와 관련하여 무시와 배제를 야기하는 집단 정체성의 내용과 그것을 토대로 한 집단의 부당한 구별자체를 문제 삼지 않고 집단 정체성의 편견만을 시정하려는 주류 다문화주의는 긍정전략의 사례로 볼 수 있는 반면, 집단 정체성의 근저에 놓인 상징적인 구별 자체를 해체하려는 시도는 변혁전략이라고 할 수 있다 (프레이저, 2014: 135). 프레이저는 기본적으로 변혁전략들을 긍정전략보다 선호한다. 하지만 변혁전략은 다소 현실과 동떨어진 이데올로기적 성격으로 치우치기 쉽다. 예를 들면 이항 대립적 신분질서를 해체하려는 시도는 인정을 받지 못하는 주체들이 평가 절하된 자신의 정체성을 회복하려는 고민과 거리가 멀고, 자본주의 생산 질서의 변혁을 통해 불평등한 분배를 해소하려는 시도는 복지정책을 통해 직접적인 혜택을 더 많이 받고자 하는 불평등한 주체

표 6 프레이저의 긍정적 전략과 변형적 전략

	긍정적 전략	변형적 전략
재분배 문제	자유주의적 복지 국가	사회주의
	자본주의 생산 질서 유지	자본주의 생산 질서 해체
	집단의 차이 옹호함	집단의 차이 약화시킴
	재화의 표면적 재배치	생산관계의 심층적 재구조화
인정 문제	주류 다문화주의	해체주의
	집단의 차이를 옹호함	집단의 차이를 해체시킴
	집단의 정체성에 대한 편견 시정	인정관계의 심층적인 재구조화

자료: 이상환(2006)으로부터 수정하여 채택

들의 요구와는 현실적인 괴리가 있다는 것이다(Ibid.: 140).

　두 번째 전략으로는 "교차시정(cross－redressing)"을 제시한다. 교차시정은 불평등한 "분배"의 문제에 대한 해결 방안으로 "인정"과 관련된 수단을 사용하거나 반대로 무시와 차별의 "인정"문제에 대한 해결 방안으로 "분배"를 수단으로 사용하는 전략을 의미한다. 예를 들어 여성의 소득증가(분배와 관련된 수단)는 여성들의 협상능력을 강화하여 사회나 가정에서의 여성에 대한 무시나 차별을 개선시켜주는 효과(인정의 문제를 해결)를 발생시킬 수 있다. 반대로 동성애자들의 결혼이나 가족 구성에 대한 법적 허용조치(인정과 관련된 수단)는 복지수급권이나 세금 등과 결부된 경제적 불이익을

▍ 표 7 민주적 공공성의 주요 담론

민주적 공공성 담론	문제 및 초점	주요 내용	실천적 전략 및 목표
하버마스	체제의 생활세계 식민화	시민사회 공론장의 복원을 통한 의사소통 권력 회복	토의 민주주의
기든스	친밀성 영역 내부의 권력 관계구조의 변용(억압적 공간→성찰적 공간)	친밀성 영역의 잠재적 의사소통 권력을 통해 생활정치의 장으로까지 그 가능성을 확대	성찰적 친밀성의 민주주의
호네트	생활세계 내부의 소수자에 대한 차별과 배제	소수자나 사회적 약자가 자신의 정체성을 인정받기 위해 벌이는 인정투쟁	인정질서의 사회적 가치지평 확대
프레이저	분배와 인정 문제의 상호침투성	모든 사회 구성원이 동등하게 상호작용할 수 있는 기본적 사회적 조건(동등한 참여의 원칙)을 제도적으로 보장	분배와 인정을 통합하기 위한 긍정 전략과 변혁 전략

자료: 이상환(2006)으로부터 수정하여 채택

제거하는 효과(분배의 문제를 해결)를 낳을 수 있다(프레이저, 2014: 150). 마지막 전략은 "경계인식(boundary awareness)"으로, 이것은 부정의를 시정하기 위한 다양한 전략을 강구할 때 그 전략이 집단들 간의 경계설정에 미치는 "상충효과"에 유의해야 한다는 것이다. 예를 들어 복지국가에서 시행하는 재분배정책은 정책이 의도한 목적과는 달리 복지 수급자에 대한 낙인효과를 발생시켜 부자와 빈자 간의 경계를 강화시키는 효과를 발생시킬 수 있다(Ibid.: 109).

5. 민주적 공공성 담론에 대한 평가

앞서 언급한 바와 같이 민주적 공공성은 공사경계의 횡단 가능성과 상호의존성, 그리고 公과 私를 매개하는 제3의 공간으로서 공공영역을 설정함으로써 이루어진다. 공공영역은 公의 공적 권력성에서 탈피하고 私에 내재한 共의 공통성의 발현이 이루어지는 민주적 공간이다. 그리고 공공의 주체이자 생활세계 구성원인 시민 공중은 자신과 결부된 사적 문제에 관해 자신의 정치적 의견이나 입장을 표명하고 이를 공적 의견으로 공론화하는 과정을 통해 정치적 영향력을 행사할 수 있다. 이러한 입장은 하버마스의 민주적 공공성 담론의 관점을 상당부분 반영한 것이지만 그것과 관련된 구체적 내용과 범위에 있어서는 차이가 있다. 이것은 민주적 공공성 담론의 진화로 하버마스 담론을 축으로 그 내용과 범위를 수정/보완한 결과로 보인다. 이런 측면에서 보면 하버마스 담론의 한계를 언급하고 이에 따른 담론의 진화 과정을 살펴보는 것이 필요하다. 이와 더불어 각각의 민주적 공공성 담론이 한국 사회에서 적실한지에 대한 평가도 필요해 보인다.

우선 하버마스의 민주적 공공성 담론이 가지는 이론상의 한계를 살펴보면 세 가지로 정리할 수 있다. 첫째, 하버마스의 민주적 공공성 기획은 그가 제시한 사회이론의 중심축인 체제의 생활세계 식민화를 극복하는데 그 분석의 초점을 제한함으로써 식민지화를 초래한 "생활세계 내부의 문제"(소수자에 대한 차별과 배제)나 "체계 자체의 문제"(분배의 불평등)를 간과한다는 비판을 받아왔다. 둘째, 하버마스는 시민사회의 생활세계를 모든 권력관계로부터 자유로운 의사소통이 가능한 영역으로 전제한다는 것이다. 이러한 전제는 실제 생활세계 내부에 존재하는 다양한 유형의 권력관계(가부장적 가족주의, 다수의 소수에 대한 무시와 배제)로 인해 나타날 수 있는 의사소통 관계의 왜곡 현상을 간과하게 만든다. 이러한 현상은 체계의 논리에 근거한 권력이 초래하는 생활세계 식민화 현상과는 다른, 생활세계 자체에 뿌리내린 사회 병리적 현상이다(선우현, 2007). 이러한 생활세계 내부에 구조화된 권력관계는 생활세계 규범의 핵심인 상호인정관계의 유지와 재생산을 방해하고 합리적 의사소통 행위를 교란한다. 마지막은 하버마스의 담론─시민사회 생활세계의 의사소통 권력의 복원을 통해 생활세계 식민화를 극복을 시도하는─이 갖는 한국사회에서의 적실성 여부이다. 이와 관련하여 다음의 질문이 중요하다. 한국의 시민사회가 현대화 과정에서 서구의 시민사회와 마찬가지로 개인이 주축이 되어 현대화를 진행시킨 시민사회의 경험을 갖는가? 한국 사회는 "자본주의적 산업화는 위로부터 반강제적이고 비자율적인 방식으로 추진되었으며, 그에 따라 우리 사회는 사회 문화적 차원에서 전근대적 봉건사회와 철저하게 단절되어 현대화를 진행시키지" 못했다(선우현, 2001: 122). 한국사회는 시민사회 구성원이 자유롭게 자신의 의견을 토론이나 토의의 과정을 통해 개진하고 이를 바탕으로 사회적 사안들이 공정하고 합리적으로 결정되기보다, 연고주의나 위계적 관계를 바탕으로 비합리적이고 불공정한 방식으로 다양한 사안을 처리하는 전근대적인 의사결정방식이 사회 곳곳에 여전히 잔존한다. 그렇다고 민주화 항쟁과 범국민 촛불집회 등의 민주적 위기상황에서 보여준 성숙한 시민의식을 부정하는 것은 아니다. 오히려 이것은 사회·문화적 차원에서 나타나는 전근대적인 요소로 인해 현대성의 완전한 실현을 방해하는 양상을 설명한다.

생활세계 내부로부터 기인하는 문제와 관련하여, 기든스는 생활세계의 내부를 권력관계가 존재하는 공간으로 파악한다. 이것은 하버마스가 시민사회의 생활세계를 권력관계로부터 자유로운 영역으로 보는 시각과 대비된다. 기든스는 친밀성 영역에서 관계구조의 변화에 주목한다. 그는 친밀성이 현대 가족 제도의 틀에 갇힌 맹목적이고 고정적인 관계가 아닌 관계 자체가 주는 의미나 가치를 성찰하고 이에 따라 새로운 관계를 형성할 수 있는 유동적 관계로의 변화를 가져왔다고 본다. 그가 보기에 이러한 관계구조의 변화는 의사소통권력을 실현하고 이를 통해 민주주의의 잠재력을 실천할 수 있는 밑거름이다. 이때 친밀성 영역에서 이루어지는 의사소통은 친밀성을 바탕으로 한 감성적 동감에 의해 추동되는 것으로 하버마스의 합리적 이성을 근간으로 하는 의사소통과는 차이가 있다. 하지만 기든스의 친밀성 영역에 대한 분석은 서구 유럽 사회를 참조한 것으로 한국 사회의 친밀성 영역과는 다소 차이가 있어 보인다. 한국 사회의 경우에도 여성의 노동시장 진출과 서구 문화의 확산으로 여성의 사회·경제적 지위가 상승한 것은 사실이지만 그러한 변화가 여성을 가부장적 역할분담의 질서로부터 해방시켜 준 것은 아니다. 오히려 여성은 경제적 활동과 전통적인 가사노동의 이중적 역할에 노출되어 있는 실정이다. 그리고 친밀성 영역의 확장(이성애적 가족에서 관계자체가 목적인 다양한 관계형식으로의)에 관해서도, 다양한 관계 중심의 모임이 관계 자체의 의미나 만족보다 실제로는 자기중심적인 경제적 목적에 한정되어 나타나는 경향성에도 주의를 기울이는 것이 필요할 것으로 보인다. 호네트는 생활세계 내부의 권력관계에 기인한 소수자에 대한 무시와 차별을 문제 삼는다. 소수자는 사회·경제적인 지배질서의 주변부에 속해 사회적 관심이나 인정의 대상에서 배제된 사람들로 이들은 자신의 차이나 정체성을 타인으로부터 인정받기 위해 투쟁을 벌인다는 것이다. 타인으로부터의 인정의 획득은 긍정적 자기 관계형성과 자신이 사회의 정당한 구성원이라는 사회적 연대의식을 형성하게 하는 기본적인 조건으로 사회적 통합의 실현에 중요하다. 그리고 이러한 상호 인정관계는 자율적 의사소통행위를 통한 정치참여의 기본적인 전제조건이라는 점에서 하버마스가 주장하는 시민사회의 의사소통권력의 복원에 필수적이라 할 수 있다. 이런 상호 인정질서의 수립과 관련하여 최근 한국사회에서도 소수의 동성애자, 이민자, 장애인들의 권리 확보를 위한 관련 사회단체들의 옹호 운동이 점차 확산되어 나가는 현상을 목격한다. 그럼에도 소수자들의 차별에 대한 문제는 여전히 사회적 관심의 주된 대상으로 정치권에서 가시적인 영향력을 행사하고 있지는 못하다. 그러나 최근 차별금지법발의(2020) 15년 만에 첫 국회 공청회가 성사되는 등 영향력이 증대되고 있는 추세이다(매일노동뉴스, 2022).

　체계 자체의 문제와 관련하여서는 우선 자본주의 질서에 의해 심화되고 있는 분배문제를 들 수 있다. 이것은 신자유주의 사조의 팽배에 따른 자본주의적 시장의 효율성과 경쟁의 논리가 사회 전반의 보편적 규칙으로 제도화되어 확산되는 현상과 관련이 있다. 이와 관련하여 프레이저는 복지국가체제의 구축으로 일정부분 분배문제에 대한 관심이 소수자에 대한 인정문제로 전환된 것은 사실이지만 분배문제는 여전히 심각한 사회문제로 다루어져야 한다고 주장한다. 이와 관련하여 분배문제와 인정문제는 별도의 개별적인 사안이라기보다 상호연관성이 높은 복합적인 사안으로 취급되어야 함을 강조한다. 무엇보다 모든 사회구성원이 동등하고 정당한 자신의 권리를 행사하고 상호작용할 수 있는 기본적인 사회적 조건(물질적 분배와 타인의 인정)을 제도적으로 보장하는 것이 정의로운 사회로 가는 첫걸음이라는 것이다. 이는 공공 영역의 담론에 기본적인 사회적 조건의 부재로 인해 하층집단과 사회적 소수자들이 경제적으로 배제되어 참여할 수 없는 상황을 염두에 둔 것이다. 이러한 주장은 경제적 양극화의 심화와 소수자의 차별 문제가 사회문제로 가시화되고 있는 한국사회의 현 시점에 적실성이 높은 주장으로 받아들여진다.

참 고 문 헌

국내문헌

고봉진(2014). "사회 계약론의 역사적 의의: 흡스, 로크, 루소의 사회계약
　　론 비교." 법과 정책, 20(1): 55−82.

곽준혁(2005). "민주주의와 공화주의. 헌정체제의 두 가지 원칙." 한국정
　　치학회보, 39(3): 33−57.

권인석(2004). "신공공관리론의 논리, 한계, 그리고 극복." 한국공공관리학
　　보. 18(2): 31−46.

김경희(2012). 국가와 공공선/공동선: 절대선과 개별선 사이의 마키아벨
　　리. 정치사상연구, 18(1): 33−52.

김석(2007). 에크리: 라캉으로 이끄는 마법의 문자들. 살림출판사.

김희강(2010). "공공성, 사회집단, 그리고 심의민주주의." 한국정치학회보,
　　44(2): 5−27.

노명식(2015). 자유주의의 역사. 책과 함께.

니체, 프리드리히(2021). 도덕의 계보. 박찬국 옮김. 아카넷.

로크, 존(1996). 통치론. 강정인·문지영 옮김. 까치.

롤스, 존(2002). 정의론. 황경식 옮김. 이학사.

루만, 니콜라스(2009). 열정으로서의 사랑. 정성훈 외 옮김. 새물결.

루카치, 게오르크(1992). 역사와 계급의식. 박정호·조만영 옮김. 거름.

류청오(2010). 공화주의, 민주주의, 그리고 루소의 사회계약론. 진보평론, 43:
　　224−251.

맥킨타이어, 알래스데어(2021). 덕의 상실. 이진우 옮김. 문예출판사.

문성훈(2001). 현대성의 자기 분열: 개별적 자아의 해방과 보편적 이성의

실현. 사회와 철학, 2: 147 – 193.

_____(2005). "소수자 등장과 사회적 인정질서의 이중성." *사회와 철학*, 9: 129 – 154.

_____(2007). "물화(Verdinglichung)와 인정 망각." *해석학연구*, 20(20): 279 – 316.

밀, 존스튜어트(2005). 자유론. 서병훈 옮김. 책세상.

배웅환(2003). "거버넌스의 실험: 네트워크조직의 이론과 실제: 대청호살리기운동본부를 중심으로." 한국행정학보, 37(3): 67 – 93.

백승대(2008). 현대사회를 보는 바우만의 시각: 탈근대성과 유동성 근대성을 중심으로. 대한정치학회보, 16(1):277 – 301.

백승영(2018). 니체: 건강한 삶을 위한 긍정의 철학을 기획하다. 한길사.

벤담, 제레미(2013). 도덕과 입법의 원칙에 대한 서론. 강준호 옮김. 아카넷.

보비오, 노베르토(1992). 자유주의와 민주주의. 문학과 지성사.

비롤리, 모르치오(2006). 공화주의. 김경희, 김동규 옮김. 인간사랑.

사이토 준이치(2009). 민주적 공공성: 하버마스와 아렌트를 넘어서. 윤대석 외 옮김. 이음.

사토 유시유키(2014). 신자유주의와 권력. 김상훈 옮김. 후마니타스.

샌델, 마이클(2014). 정의란 무엇인가? 김영철 옮김. 와이즈베리.

_____(2016). 정치와 도덕을 말하다. 김선욱 옮김. 와이즈베리.

선우현(1999). 의사소통행위이론의 정치이론적 재편 기획. 철학, 61: 239 – 266.

_____(2001). "탈근대(성)의 포용으로서의 근대(성): 한국사회에서 탈근대론의 적실성에 관련하여." *사회와 철학*, 2: 104 – 146.

_____(2007). "체계/생활세계 2단계 사회이론의 비판적 재구성: 체계의 민주화와 사회적 투쟁의 생활세계 내 현실화." *사회와 철학*, 14: 91 – 142.

아도르노, 테오도르(2003). 부정변증법. 홍승용 옮김. 한길사.

아렌트, 한나(2002). 인간의 조건. 이진우 옮김. 한길사.

_____(2006a). 전체주의의 기원 1. 이진우·박미애 옮김. 한길사.

_____(2006b). 전체주의의 기원 2. 이진우·박미애 옮김. 한길사.

아리스토텔레스(2011). 니코마코스 윤리학. 강상진·김재홍·이창우 옮김. 길.

오생근(2013). 미셸푸코와 현대성. 나남.

왈저, 마이클(1983). 정의와 다원적 평등: 정의의 영역들. 정원섭 외 옮김. 철학과 현실.

유승경(2019). "신자유주의의 역사적 기원과 경제사상의 전개." 시대, 66: 46−55.

윤수재·이민호·채종헌(편)(2008). 새로운 시대의 공공성 연구. 법문사.

은재호(2008). "공공성 개념 연구."「한국거버넌스학회보」, 15(3): 213−239.

이명석(2002). "거버넌스의 개념화: 사회적 조정으로서의 거버넌스." 한국행정학보, 36(4):321−338.

이상봉(2011). 대안적 공공공간과 민주적 공공성 모색: 지역적 공공성과 생활정치의 가능성을 중심으로. 대한정치학회보, 19(1): 23−45.

_____(2016). "친밀권의 재구성과 대안적 공공권의 가능성: 사회공간적 인식을 중심으로." 21세기정치학회보. 26(3):59−83.

이상환(2006). "사회 정의와 정치적인 것의 차원: 프레이저의 정의론을 중심으로." 사회와 철학, 12: 127−156.

이수영(2021). 실천이성비판 강의. 북튜브.

이주하(2010). 민주주의의 다양성과 공공성: 레짐이론을 중심으로. 행정논총, 48(2): 146−168.

임의영(2010). "공공성의 유형화." 한국행정학보, 44(2):1−21.

장세룡(2005). 콩스탕의 자유주의: 고대인의 자유와 근대인의 자유. 프랑스사 연구, 2: 5−31.

정성훈(2011).현대 도시의 삶에서 친밀공동체의 의의. 철학사상, 41: 347− 377.

_____(2013). 도시공동체의 친밀성과 공공성. 철학사상, 49:311−340.

장준호(2011). "아리스토텔레스의 정치철학: 윤리와 정치의 결합을 중심으로." OUGHTOPIA, 26(1): 19−62

조대호(2019). 아리스토텔레스의 니코마코스 윤리학. 네이버 열린연단 발표문.

조승래(2010). "누가 자유주의를 두려워하랴." 역사와 담론, 54: 273−298.

_____(2014). 공공성 담론의 지적 계보. 서강대 출판부.

조한상(2009). 공공성이란 무엇인가. 책세상.

최태현(2019). "公과 公의 사이에서: 작은 共들의 공공성 가능성의 고찰." 「한국행정학보」, 53(3): 1-27.

칸트, 임마누엘. (2019). 실천이성비판. 백종현 옮김. 아카넷.

테일러, 찰스(2003). 불안한 현대사회: 자기중심적인 현대문화의 곤경과 이상. 송영배 옮김, 이학사.

포칵, J. G. A. (2011). 마키아벨리안 모멘트 1. 곽차섭 옮김. 나남.

푸코, 미셸(2011). 안전, 영토, 인구. 오트르망 옮김. 난장.

_____(2016). 감시와 처벌. 오생근 옮김. 나남.

_____(2020). 성의 역사 1. 이규현 옮김. 나남.

프레이저, 낸시(2014). *분배냐, 인정이냐?* 김원식·문성훈 옮김. 사월의 책.

프롬, 에릭(2020). 자유로부터의 도피. 김석희 옮김. 휴머니스트.

피아제, 장(2020). 장 피아제의 발생적 인식론. 홍진곤 옮김. 신한출판미디어.

피어슨, 크리스토퍼(1996). 근대국가의 이해. 박형신·이택면 옮김. 일신사.

하버마스, 위르겐(2001). 공론장의 구조변동: 부르주아 사회의 한 범주에 관한 연구. 한승완 옮김. 나남

_____(2015a). 의사소통행위이론 1: 행위 합리성과 사회합리화. 장춘익 옮김. 나남.

_____(2015b). 의사소통행위이론 2: 기능주의적 이성 비판을 위하여. 장춘익 옮김. 나남.

_____(2017). 사실성과 타당성. 한상진·박영도 옮김. 나남.

하상우(2014). 공공성. 책세상

하이데거, 마틴(1998). 존재와 시간. 소광희 옮김. 경문사.

헤겔, 게오르크 빌헬름 프리드리히(2005). 정신현상학1. 임석진 옮김. 한길사.

호네트, 악셀(2006). 물화-인정이론적 탐구. 강병호 옮김, 나남출판.

_____(2011). 인정투쟁. 문성훈·이현재 옮김. 사월의 책.

호르크하이머, 막스·아도르노, 테오도르(2001). 계몽의 변증법. 김유동 옮김, 문학과 지성사.

홉스. 토마스(2007). 리바이어던. 신재일 옮김. 서해문집.
홍태영(2012). 푸코의 자유주의적 통치성과 정치. 한국정치학회보, 46(2): 51−70.

외국문헌

Ackerman, Bruce(1993). *We the people*, volume 1: Foundations.
Arendt, Hannah(1973). The Origins of Totalitarianism. Harcourt, Brace, Jovanovich.
Arendt, Hannah(1970). The human Condition. University of Chicago Press.
Bobbio, Norberto(1990). Liberalism and Democracy. Verso.
Constant, Benjamin(1806). *Principes de politique*. Paris: slatkine.
Bauman, Zygmunt(1992). *Intimations of postmodernity*. Routeledge
Bentham, Jeremy(2010). An Introduction to the Principles of Moral and Legislation. White Dog Publishing.
Dewey, John(1926). "Affective thought". in: *Later Works*, 5:243−262
Fraser, Nancy and Honneth, Axel(1992). Redistribution or Recognition? A Political−Philosophical Exchange. Verso.
Fromm, Erich(2013). Escape from Freedom. Open Road Media.
Habermas, Jürgen(1992). The Structural Transformation of the Public Sphere: An Inquiry into a Category of Bourgeois Society. Polity Press.
_____(1981). The Theory of Communicative Action. Volume 2. Polity Press.
Hobbes, Thomas(1968). Leviathan: Or the Matter, Forme, &Power of a Common−Wealth Ecclesiastical and Civil(5th ed.) Collier.
Locke, John(2004). Two Treatises of Government. Kessinger Publishing,

LLC.

Lukács, Georg(1972). History and Class Consciousness. MIT Press.

MacIntyre, Alasdair(2007). After Virtue: A Study in Moral Theory. University of Notre Dame Press; 3rd edition

Mill, John S.(2002). On Liberty. Dover Publications.

_____(1951). Utilitarianism, liberty, and representative government. E. P. Dutton and Company.

Miller, H.(1992). Market, state and community. Oxford: Oxford University Press.

Pettit, Philip(2002). "Keeping republican freedom simple: On a difference with Quentin Skinner." *Political Theory*, 30(3): 339−356.

Pettit, Philip(1998). "Reworking Sandel's republicanism." *Journal of Philosophy*, 95(2): 73−96.

Pierson, Christopher(1996). The Modern State. Routledge.

Pocock, John G. A.(1975). Machiavellian Moment: Florentine Political Thought and the Atlantic Republican Tradition. Princeton University Press.

Rawls, John(1999). A Theory of Justice(2nd ed.). Belknap Press: An Imprint of Harvard University Press; 2nd edition.

Sandel, Michael J.(2009). Justice: What's the Right Thing to Do? Farrar, Straus and Giroux.

Sandel, Michael J.(2006). Public Philosophy: Essays on Morality in Politics. Harvard University Press.

Sunstein, Cass.(1988). "Beyond the republican revival." *The Yale Law Journal*, 97(8): 1539−1590

Taylor, Charles(1998). The Malaise of Modernity. House of Anansi Press.

Viroli, Maurizio(2002). *Republicanism*. New York: Hill and Wang

_____(2001). Republicanism. Hill &Wang Publication

Walzer, Michael (1984). Spheres of Justice: A Defence of Pluralism and Equality. Basic Books

Young, Marion(1996). Democracy and difference: contesting the boundaries of the political. Princeton

찾 아 보 기

문성진

경희대학교 조경학과를 졸업하고 인디애나 대학(Indiana University at Bloomington)에서 행정학 석사, 콜로라도 대학(University of Colorado at Denver)에서 정책학 박사학위를 취득하였다. 미국 미시간의 그랜드 밸리 주립대학(Grand Valley State University) 조교수를 거쳐, 현재 인하대 행정학과 교수로 재직하고 있다. 주요 관심분야로는 행정/정책 철학, 환경정책, 이민자와 다문화이다. 최근에는 철학적 논의를 행정학 분야에 접목하고자하는 시도를 하고 있다. 주요 저서로는 「환경정책의 역사적 변동과 전망」(공저), 「한국거버넌스 사례집」(공저), 「Leadership in nonprofit organizations」(공저) 등이 있고, 환경과 다문화 관련 국제공인(SSCI) 학술지와 국내공인(KCI) 학술지에 다수의 논문을 발표하였다.

현대성과 공공성

초판발행   2023년 9월 5일

지은이   문성진
펴낸이   안종만 · 안상준

편 집   양수정
기획/마케팅   손준호
표지디자인   Ben Story
제 작   고철민 · 조영환

펴낸곳   (주) **박영사**
             서울특별시 금천구 가산디지털2로 53, 210호(가산동, 한라시그마밸리)
             등록   1959. 3. 11. 제300-1959-1호(倫)
전 화   02)733-6771
f a x   02)736-4818
e-mail   pys@pybook.co.kr
homepage   www.pybook.co.kr
ISBN   979-11-303-1856-1   93350

* 파본은 구입하신 곳에서 교환해 드립니다. 본서의 무단복제행위를 금합니다.

정 가   12,000원

 * 본 저서는 인하대학교 연구비 지원을 받아 연구되었음.